Trends in der Informationstechnologie

Von der Nanotechnologie zu virtuellen Welten

Walter Hehl

Trends in der Informationstechnologie

Von der Nanotechnologie zu virtuellen Welten

vdf Hochschulverlag AG an der ETH Zürich

Bibliografische Information der Deutschen Nationalbibliothek

Die Deutsche Bibliothek verzeichnet diese Publikation in der Deutschen Nationalbibliografie; detaillierte bibliografische Daten sind im Internet über http://dnb.d-nb.de abrufbar.

Coverabbildungen

Vorderseite (von links nach rechts):
- IBM Watson Research Center, Mark Podlaseck: künstlerische Verbindung von virtueller und realer Welt
- Aufnahme des Autors: experimenteller 200-mm-Siliziumwafer von IBM
- IBM Forschungslabor Zürich: Simulation einer Hafniumdioxid-Schicht

Rückseite (von links nach rechts):
- Avatar des Autors in Second-Life-Umgebung (Snapshot), erstellt von Marcel Begert, IBM Forschungslabor Zürich
- IBM Böblingen: Ausschnitt aus dem Cell-Chip von STI
- IBM Hursley, Ian Hughes: Second-Life-Simulation eines Tennis-Turniers in Wimbledon

ISBN: 978-3-7281-3174-4

www.vdf.ethz.ch
verlag@vdf.ethz.ch

© 2008, vdf Hochschulverlag AG an der ETH Zürich

Inhaltsverzeichnis

Vorwort

Der Begriff der Informationstechnologie oder der „IT" ([ai ti:]) ist eine Übertragung aus dem Englischen: Er ist in heutiger Verwendung so breit angelegt wie die Anwendungen der IT selbst, und er reicht von Informatik, Computertechnik und Nachrichtentechnik bis hin zu den psychologischen und sozialen Aspekten der Informationsverarbeitung. Wir wollen im folgenden IT auch als IKT oder ICT (Informations- und Kommunikationstechnologie, Information Communication Technology) verstehen, also die Kommunikationsseite der Information einbeziehen.

IT ist in praktisch alle Bereiche der Gesellschaft eingedrungen. Ob Naturwissenschaftler oder Ingenieur, Geisteswissenschaftler, Betriebswirt, Unternehmer oder einfach „Consumer", wir sind alle Nutzer und Objekte der Informationstechnologie. Ein anderer Aspekt der IT betrifft die zeitliche Dimension, nämlich die hohe Geschwindigkeit der IT-Weiterentwicklung. Die rasante IT-Entwicklung beeinflusst nicht nur alle primären IT-Bereiche wie technische Informatik, Wirtschaftsinformatik und Softwareentwicklung, sondern auch alle Anwendungsbereiche von der Ausbildung über die Medien zur Politik. Überall erzeugt die IT Veränderungen, positiv bewertet als Innovationen, negativ assoziiert mit Problemen oder zumindest mit Ängsten. Es gibt keinen Stillstand, sondern eine Übereinstimmung mit der Dynamik des globalen Wirtschaftssystems: Wissenschaft, Technik und Informatik sind eine globale Allianz mit der Wirtschaft eingegangen!

Dieser Leitfaden will einige der aktuellen Entwicklungen und Trends in der IT aufzeigen. Das Spektrum reicht dabei von physikalischen und elektrotechnischen Grundlagen (ohne Formeln) bis zu sozialen Trends. Das Schwergewicht liegt auf den technischen Entwicklungstrends selbst, auf den ‚harten' Entwicklungen in der Chiptechnologie ebenso wie auf den ‚weichen' Trends in der Software und in der sozialen IT. Die Diskussion der sozialen Implikationen selbst wird dabei nur gestreift und zum Teil den entsprechenden Anwendern überlassen, auf die Gefahr des Eindrucks der Technikgläubigkeit. Vorteil dieser Vorgehensweise ist (hoffentlich) die Brauchbarkeit des Büchleins für die verschiedensten Berufsgruppen, vom Fachinformatiker bis zum Unternehmer oder zum interessierten „Endbenutzer". Die IT zwingt durch ihren besonderen Charakter, wie das kontinuierliche exponentielle Wachstum der Leistung und der Systemgrössen und der immer engeren Vernetzung der Welt, allerdings zu einigen prinzipiellen Gedanken zur Zukunft und deren Vorausschaubarkeit, jenseits der direkten Technologie.

Viele Unternehmen und Regierungen haben Abteilungen, die sich mit der Zukunft der IT beschäftigen, i.A. im Zusammenhang mit der Strategie des Unternehmens, der Zukunft der Produkte oder der Dienstleistungen. Manche dieses Outlook-Reports sind firmenvertraulich, andere werden direkt zur Kommunikation mit Kunden und Bürgern verwendet. Firmenintern sind diese „Future Landscapes", „CTO Reports" oder „Insight/Foresight Maps" wichtige Werkzeuge zur Synchronisation des gesamten Unternehmens, des Teams der Mitarbeiter und zur Identifikation neuer Geschäftsfelder.

Der jährliche „Global Technology Outlook (GTO)" der IBM-Forschung identifiziert so seit mehr als einem Jahrzehnt IT-Trends, die in den nächsten Jahren für Wirtschaft und Gesellschaft von unmittelbarer Bedeutung sind – gesucht sind keine extremen Visionen. Extern wird dieser Bericht als Vortrag für Veranstaltungen mit Kunden, mit Politikern und Gremien sowie im akademischen Bereich verwendet. Der „GTO" ist auch regelmässiger Bestandteil von Workshops zur Zukunft der IT mit Kunden.

Die Beratungsorganisation der IBM „Global Business Services" erstellt zusammen mit der IBM-Forschung und externen Beratern einen weiteren Report zu sozialen und wirtschaftlichen Veränderungen unter der Bezeichnung „Global Innovation Outlook (GIO)". Dieser Bericht ist sowohl als Broschüre als auch als Datei frei erhältlich.

Ein anderes Beispiel einer Zukunftsanalyse ist die „Nokia World Map", die Nokia seit 2002 erstellt. Entsprechend der engen Verknüpfung der mobilen Kommunikation mit sozialen Entwicklungen versucht dieser Zukunftsreport eine Analyse der Trends der nächsten Jahre sowohl auf technischem Gebiet wie im persönlichen und gesellschaftlichen Bereich.

Neben Trends und Ideen aus der Literatur sind in das Buch eigene Beobachtungen eingeflossen, Gespräche mit oder Referate von Hunderten von Experten und insbesondere die Erfahrungen aus Seminaren mit Kunden und Politikern.

Der Autor hat etwa 500 solcher Innovationsworkshops mit Kunden aus aller Welt organisiert und durchgeführt, mit Unternehmen von ABB bis ZF, Bosch bis Volvo und mit Originalbeiträgen von Fachleuten aus allen Bereichen der IT. Die kundenseitigen Teilnehmer sind CIO's, aber auch Leiter von Forschung und Entwicklung, Strategie- und Innovationsmanager oder gelegentlich CEO's und Firmeninhaber. Hervorzuheben sind Workshops mit besonderen Gruppen im Bereich des Technologiemanagements, wie die Nokia Gruppe für Insight und Foresight, mit ungewöhnlichen Kunden wie der katholischen Kirche oder besonders mit Unternehmen aus der sich entwickelnden Welt wie

Mobiltelefon-Gesellschaften aus China oder Pakistan: Unternehmen, die wie die katholische Kirche schon viele Jahrhunderte bestehen, oder eine Gesellschaft aus Pakistan, die vor 3 Jahren gegründet wurde und bereits nach Afrika expandiert!

Der Einfluss von IT auf den jeweiligen Geschäftsbereich des Kunden ist das Thema der Workshops. Einige dieser Erfahrungen fliessen in die folgenden Kapitel ein.

Die Zukunft der IT berührt viele Berufe direkt: Naturwissenschaftler, Ingenieure, Geisteswissenschaftler, Manager und natürlich die Informatiker selbst, aber auch jedermann als Verbraucher, als nationalen Bürger und als Weltbürger. Dieses Buch versucht drei Bereiche zu adressieren:

- die Entwicklung der technischen Seite der IT, von der Nanotechnologie bis zu sozialen Verfahren,

- die Bedeutung der IT-Trends für Industrie, Wirtschaft und neue Dienstleistungen, möglichst mit daraus folgenden pragmatischen Einsichten oder gar Empfehlungen,

- die Einflüsse der IT auf Umwelt und Gesellschaft, das Potenzial für neue Strukturen und auch unsere eigene menschliche Position zu diesen Technologien.

Das Spektrum der technischen IT reicht von den physikalischen Grundlagen zu IT-Systemen. Für die Physik ist der Umgang mit kleinen Grössen wie dem Nanometer typisch, gelegentlich sogar dem Pikometer und sehr kleinen internen Taktzeiten, gemessen in Nanosekunden oder Pikosekunden. Mikroprozessoren sind heute Produkte der Nanotechnologie. Für IT-Systeme sind umgekehrt astronomisch grosse Zahlen typisch, etwa das Terabyte oder Petabyte oder noch grössere Werte.

Auf der Anwendungsseite tritt zu der klassischen Unternehmens-IT immer mehr IT in der realen, physikalischen Umgebung mit sensorbasierten Systemen, aber auch „Metaversen", virtuellen Welten.

Die IT ist auch für den Intellektuellen heute ein nicht wegzudenkender technisch-kultureller Bereich: Ein Ziel des Buches ist es, dem an der IT interessierten Intellektuellen eine Einführung in einige aktuelle Schlagwörter im Sinne der „Must-Know"-Begriffsliste von George Dvorsky (Dvorsky, 2007) zu geben, von der technischen Singularität bis zur verstärkten Realität, von Avataren bis zur Sousveillance. Eine Hilfe hierzu ist das Glossarium im letzten Abschnitt mit etwa 50 Begriffen und etwa gleich vielen Akronymen.

Im letzten Kapitel werden die wesentlichen Aussagen auf den drei Ebenen technisch, anwendungsspezifisch und allgemein jeweils in Schlagzeilenform zusammengefasst.

Wir hoffen zum einen, einige neue Aspekte in und um IT aufzeigen zu können, und zum anderen, eine befruchtende Diskussion anzustossen.

1 Die exponentielle Entwicklung der Grundtechnologien

1.1 Exponentielles Wachstum: Bis jetzt und weiter

Die moderne Computertechnik beginnt mit der Höchstintegration (VLSI) von Bauelementen auf einem Siliziumchip etwa in den 60er Jahren. Seit dieser Zeit hat die Dichte der Transistoren auf dem Chip jedes Jahr zugenommen, um 40 bis 60 % jedes Jahr. Heutige Chips enthalten Hunderte von Millionen von Transistoren, der IBM-Power6-Prozessorenchip zum Beispiel 790 Millionen. Eine ganze Reihe von Eigenschaften haben sich Hand in Hand (und kausal verknüpft) gleichzeitig in diesen vier Jahrzehnten entwickelt:

- Verkleinerung der kleinsten erzeugten Strukturen (man produziert heute 90-nm- und 65-nm-Strukturen, mit Plänen zu 35 nm und 25 nm Fabrikation). Zum Vergleich: Ein menschliches Haar hat etwa 40–50'000 nm Durchmesser, einzelne Atome um etwa 0,1 nm

- Erhöhung der Taktfrequenzen der Elektronik, damit auch nahezu parallel eine Erhöhung der Rechnerleistung

- Verringerung des Stromverbrauchs pro Transistor

Diese Entwicklung war im Wesentlichen möglich durch die konsequente Skalierung (Verkleinerung) der Transistoren. Dieser Trend wurde zwar vorhergesagt, aber die wirkliche Entwicklung hatte einen Unterschied zur Vorhersage: Der Stromverbrauch der Chips (genauer: die Leistungsdichte Watt/cm²) wurde gleichzeitig drastisch erhöht (s. u.) – die Vorhersage war konstanter Stromverbrauch gewesen!

Das Phänomen des exponentiellen Wachstums im Chipbau wurde 1964 von Gordon Moore, Mitbegründer von Intel, beobachtet und wird als „Moore'sches Gesetz" bezeichnet (Abb. 1-1). Wir wollen das Moore'sche Gesetz im Folgenden ohne Anführungszeichen verwenden, obwohl es kein Gesetz im Sinne der Physik ist: Es beschreibt a posteriori das Verhalten der IT, für die Zukunft ist es eine Behauptung. Zwei prinzipielle Bemerkungen hierzu trotzdem:

- Erstens: das Wachstum wird in der Hardware noch für einige Jahre (sicher für 5–8 Jahre) andauern,

- zweitens: es ist die wichtigste Beziehung zwischen Technik und Wirtschaft, die wir kennen, mit noch nicht absehbaren Konsequenzen.

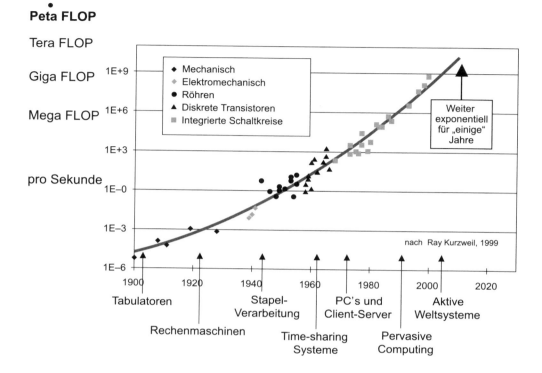

Abbildung 1-1: *Das Moore'sche Gesetz in normalisierter Form (nach Moravec und Kurzweil): Wie mächtig ist der Computer, den man für etwa 1000 $, 1000 € oder 1000 CHF kaufen kann? Die technische Vorhersage ist eine ähnliche Fortsetzung des Wachstums für die nächsten Jahre, wenn auch mit Problemen. Die philosophische Prognose von Ray Kurzweil ist die Erscheinung der „Singularität". Die Masseinheit FLOP pro Sekunde entspricht den Rechenoperationen pro Sekunde.*

Neben den erwarteten graduellen Veränderungen führte die Beobachtung des (beschleunigten) technischen Wachstums zum philosophischen Konzept der „technischen Singularität" (Vernor Vinge, 2003, und Ray Kurzweil, 2006). In der starken Form bedeutet es die Hypothese, dass in der Singularität – also nach weiterem drastischen Wachstum – die Maschinenintelligenz unsere biologische Intelligenz übersteigt und eine völlig neue Evolution auslöst. Unbestritten ist wohl die schwache Form des Konzepts: Die IT-Entwicklung wird die Welt weiter drastisch verändern, es ist insgesamt eine Singularität in der Geschichte der Menschheit.

Als Derivate der Urform des Moore'schen Gesetzes (dem Wachstum der Transistorendichte auf Chips) können wir viele verbundene oder verwandte exponentielle Wachstumsgesetze finden, auf der technischen Seite etwa

- die Speicherdichte von Speichermedien wie Magnetplatten,

- die Übertragungsgeschwindigkeit von festen Datenleitungen und

- die Bandbreite von drahtlosen Verbindungen.

Auf der Anwendungsseite sind Beispiele (sozusagen Moore'sche Beziehungen höherer Ordnung)

- die gespeicherte Datenmenge pro Benutzer oder pro Unternehmen oder im Internet als Ganzes oder auch

- die Anzahl von Bildern, die eine Privatperson im Laufe des Jahres produziert.

1.1.1 Warum Exponentialgesetze? Das Beispiel der Entwicklung der mobilen Kommunikation

Die innere Logik des exponentiellen Wachstums („je mehr man kann, desto mehr gewinnt man") in der IT zeigt auch diese kausale Kette beim Fortschritt der drahtlosen Kommunikationstechnik sowohl in der Fernkommunikation (mit den Generationen der Mobilkommunikation) als auch im lokalen oder metropolitanen Bereich mit Verfahren wie WLAN, WiMAX und dem radarähnlichen UWB, aber auch bei den Chips für die satellitengestützte Ortsbestimmung mit GPS und dem eventuellen zukünftigen System Galileo:

1. Verkleinerung der Transistordimension reduziert den Strombedarf und

2. reduziert die relativen Produktionskosten (pro Schaltkreis) und

3. erhöht die Arbeitsfrequenz.

Damit werden

4. mobile Anwendungen möglich oder intelligenter,

und da sie preiswerter angeboten werden können gibt es weiter

5. einen „Rebound-Effekt", wachsende Stückzahlen durch die neuen Möglichkeiten bei niedrigerem Preis.

Die wachsenden Stückzahlen reduzieren ihrerseits durch die „Lernkurve" die Erstellungskosten weiter. Dies zeigen insbesondere die Schlüsselzahlen bei mobilen Telefonen („Handys"): Getrieben durch Technik, Wirtschaft und den globalen sozialen Impetus der Mobilität gibt es heute etwa 2,7 Milliarden mobile Telefone, pro Jahr werden etwa 1 Milliarde weitere Telefone produziert und der Preis für die Grundfunktionen des mobilen Telefons wird weiter sinken (und damit der des preiswertesten verfügbaren Computers!).

Doch die Aufwärtsspirale (der „Virtuous Circle") dreht sich weiter:

Höhere Arbeitsfrequenzen auf handelsüblichen Computerchips (sog. CMOS-Chips) ermöglichen unmittelbar höhere Datenraten und Bandbreiten: Normale Computerchips können damit die Funktionen von bisheriger teurer Speziallogik übernehmen, etwa von Gallium-Arsenid-Technologie, die bisher für Höchstgeschwindigkeitselektronik einge- setzt wurde. Immer mehr Kommunikationsfunktionen wandern nahezu kostenlos in den Prozessorteil des Chips (man sagt, auch beim mobilen Telefon, „des Radios"), auch der teure Analogteil der Kommunikation um die Antenne wird immer kleiner. Da- durch sinken (wie gehabt oder noch einmal) die Kosten, mehr Intelligenz steht zur Ver- fügung – und es gibt wieder den „Rebound"-Effekt mit neuen Massenanwendungen wie WLAN oder GPS in vielen mobilen Geräten!

Die Aufwärtsspirale kann weitergehen, solange Technik, Wirtschaft und Potenzial zu- sammenpassen; für das Wachstum der Mobiltelefonie, die im Wesentlichen durch die Weltbevölkerung begrenzt wird, gilt dies sicher für noch die nächsten 5 Jahre.

Die Geschwindigkeit des Fortschreitens der Entwicklung der IT ermöglicht einen be- sonderen technisch-sozialen Effekt, das Leapfrogging (Überspringen einer Techno- logie), insbesondere in der Kommunikationsinfrastruktur. Die konventionelle Infra- struktur in Europa wie in den USA beruht historisch auf festen Leitungen und festen Anschlüssen für die berühmte „letzte Meile". In vielen Ländern der sich entwickelnden Welt bleibt die Menge der festen Leitungen auf eine kleine Oberschicht und einige staatliche Institutionen beschränkt. Die mobile Infrastruktur übernimmt die Hauptlast der Kommunikation. Im schmalbandigen Bereich ist dies mit dem mobilen Telefon in vollem Gange, im breitbandigen Zugang kann man hier den Trend zu WiMax-Netzen erwarten: Mit Netzen nach diesem neuen Standard lassen sich auch über metropo- litane Entfernungen wie etwa 50 km Verbindungen mit bis zu etwa 100 Mbit/s etablie- ren. Damit lassen sich selbst kleinere Rechenzentren anbinden!

Ganz andere moderne Derivate der Moore'schen Beziehung von grosser Bedeutung sind die sogenannten Carlson-Kurven in der Biotechnik: Das Wachstum der Leistungs- fähigkeit biotechnischer und bioinformatorischer Prozesse wie das Sequencing von Genen und analog das Wachstum synthetischer biologischer Strukturen folgt ganz ähnlichen Exponentialbeziehungen mit dem Moore'schen Gesetz als Mitverursacher.

In der IT war die bisherige Konsequenz alle 10–15 Jahre ein Paradigmenwechsel: vom Batchbetrieb (Stapelbetrieb) und Glasshouse-Rechenzentren über Client-Server-Architekturen (im Wesentlichen der PC-Ära) zu Pervasive Computing (Computing überall). Und mit jedem Paradigmenwechsel ist die Informationstechnologie tiefer in die Gesellschaft eingedrungen!

Seit Malthus 1798 seine Bevölkerungstheorie aufgestellt hat, ist es klar, dass kein exponentielles Wachstum unbegrenzt lange andauern kann. Schön wird dies durch die Fabel vom Schachbrett und den Reiskörnern illustriert: Ein Korn auf das erste Feld gelegt, zwei auf das zweite, vier auf das dritte usw. Die unschuldige geometrische Reihe überschreitet nach etwa 46 Feldern die globale Reisernte! Allerdings: Schon seit einigen Jahren werden von der elektronischen Industrie mehr Transistoren produziert als von der Landwirtschaft der Welt Reiskörner!

1.1.2   Exponentialgesetz und „Redshift"-Systeme

Das exponentielle Wachstum betrifft auch die Computersysteme als Ganzes, aber nicht gleichmässig. Als Ganzes ist auch das Internet als globale Infrastruktur exponentiell gewachsen – dies liess sich am Wachstum der Internetserver und der Websites ablesen und ganz drastisch am Ausgehen der physikalischen Internetadressen im jetzigen Internet Version 4. Dadurch entstand der Zwang zum Übergang zur nächsten technischen Stufe, dem Internet Version 6 mit 2^{128} oder $3,4*10^{38}$ Adressen, genügend für etwa $6,6*10^{21}$ Adressen pro Quadratmeter Erdoberfläche.

Das Web mit dem weltweiten Einzugsgebiet und Potenzial ermöglicht damit Unternehmen, die die geeignete Geschäftsidee haben, für einige Jahre zumindest sogar schneller zu wachsen als nach dem Moore'schen Gesetz die IT allgemein. Beispiele hierzu sind Systeme wie Amazon, eBay, Google oder YouTube. Dieses Wachstum ist im Einklang mit der Aussage des Gilder'schen Paradigmas (George Gilder, 1996), das wir unten erläutern werden: Es sagt aus, dass die Systeme durch die Ressource bestimmt werden, die nur sehr begrenzt zur Verfügung steht. In der letzten Dekade war die Bandbreite des Internets, insbesondere der Zugang oder „die letzte bzw. erste Meile" limitierend und damit ausschlaggebend für Client-Server-Architekturen und „fette" Klienten, d.h. PCs mit umfangreichen lokalen Anwendungsprogrammen. Nun steht Bandbreite wenigstens in der entwickelten Welt zur Verfügung, sogar für massvolle Videodatenströme mit ihren höheren Ansprüchen.

Damit können erfolgreiche IT-Systeme exponentiell an den Grenzen der technischen Möglichkeiten wachsen, sie werden für ihre Anwendung – Buchhandel, Informationssuche, Geschäftsnetze, Privathandel oder Videobibliothek –, zu den zentralen „Hubs" der Welt. Es ist eine Wiederkehr grosser zentraler Systeme in grösstem Massstab als „Rising Stars": Greg Papadopoulos (Richard Martin, 2007) hat diese Kategorie von viralen Anwendungssystemen mit einem anderen astronomischen Begriff belegt:

„Redshift"-Systeme nach der astronomischen Rotverschiebung der entferntesten Gala-xien. Während die Computersysteme klassischer Unternehmen, etwa einer Bank, typi-scherweise mit der Gesamtindustrie wachsen, wachsen bei länger anhaltendem lawi-nenartigen Erfolg diese „Redshift"-Systeme zu globalen Supersystemen, sowohl im Umfang ihrer Hardware als auch in Bezug auf die Anzahl der Benutzer. Dieser Trend ist dabei, die IT-Welt zu verändern. Es ist eine kuriose Wiederkehr des Grundgedankens des IT-historischen Lehrsatzes von Herbert Grosch (Gesetz von Grosch, 1953) aus der Zeit der dominierenden Mainframes: Die Leistungsfähigkeit von Computerhardware steige mit dem Quadrat des Preises. Der PC hatte die Kostenstruktur zu Gunsten von verteilten Anwendungen umgestossen. Heute ist es aber die Businessebene, die gros-se Systeme favorisiert, die als logisch zentralisierte Supersysteme einen ganzen globa-len Marktbereich übernehmen: logisch zentral, physikalisch als verteilte Wolken (Clouds) von Tausenden von Servern in Computerfarmen.

Diese supererfolgreichen „Redshift"-Unternehmen haben einen extremen Einfluss auf die Weltwirtschaft und unsere Weltgesellschaft als Ganzes: Sie übernehmen als Super-systeme etwa wie

- Google – das faktische Wissen,

- eBay – den Handel mit Gütern,

- Amazon – den Handel mit Büchern,

- Bharti – die mobile Telefonie in Indien bzw. der Dritten Welt usf.

Die Suchmaschine Google als „Redshift"-Unternehmen zum Beispiel ist zum einen der wichtigste Lieferant von faktischem Wissen geworden, vom Schüler bis zum Jour-nalisten. Zum anderen ist Google eine perfekte kommerzielle Handelsmaschine für Fakten zu Mikropreisen „pro Klick" (im Wesentlichen zu zahlen vom Anbieter der Infor-mation). Das Ergebnis von Nachfragen wird aus der Infrastruktur des Google-Systems durch eingebaute oder bezahlte Regeln erzeugt: Die zugehörige Infrastruktur besteht vermutlich aus den weltweit grössten Computerfarmen der Welt – „vermutlich", denn Details der Infrastruktur von Google sind nicht publiziert, sondern werden als Teil der Kernkompetenz des Unternehmens betrachtet (George Gilder schätzt 2006 für Google beispielsweise etwa 200 Petabytes Plattenspeicher und etwa 450'000 Server).

Bharti Indien ist ein Beispiel für ein derartig wachsendes nationales Unternehmen in einer „Redshift"-Industrie, der mobilen Kommunikation in den sich entwickelnden Län-dern. Innerhalb von drei Jahren stieg die Kundenzahl von 7 auf 40 Millionen Kunden. In diesem Fall war dieses extreme Wachstum nur möglich durch radikales Outsourcing der notwendigen IT-Aufgaben an ein Unternehmen mit umfassender Kapazität.

1.1.3 Moore'sches Gesetz und Evolution

Bis jetzt hat das Moore'sche Gesetz „gewirkt" im Zusammenspiel von Technologie und Markt. Die Technologie stellt in Hardware- und Systemdesign weiter die Grundlagen für technisches Wachstum zur Verfügung!

Von einigen Philosophen wird die Entwicklung der Chiptechnologie sogar in eine Reihe gestellt mit der Evolution des Menschen. Der Begriff „Singularität" wird von Futurologen wie Ray Kurzweil (Ray Kurzweil, 2006) verwendet als Ausdruck für die spezielle Situation in der Technologie- und in der Menschheitsgeschichte, in der die exponentiell wachsende Computerleistung die Welt verändert, ein globales Nervensystem schafft oder den Computer sogar als Science-Fiction-Konzept mit uns körperlich zusammenarbeiten lässt, etwa über implantierte Chips oder eine Schnittstelle zum Gehirn (Brain Computer Interface BCI).

1.2 Aktuelle Aufgaben in der Chiptechnologie und das Problem des Stromverbrauchs

Der weitere Fortschritt in der Computertechnik kann nur zum kleinen Teil mit weiterer Verkleinerung der Bauelemente erreicht werden. In der Tat nähert man sich in heutiger Siliziumtechnologie (komplementäre Metalloxid-Halbleitertechnologie oder CMOS) atomaren Grenzen: Chiptechnologie ist bereits Nanotechnologie. Etwa ein Dutzend technischer und physikalischer Massnahmen sind zurzeit in der Planung bei Chipunternehmen wie AMD, IBM und Intel, die die Leistungsfähigkeit der Chips weiter erhöhen oder die Herstellbarkeit der Strukturen erleichtern.

Beispiele hierfür sind etwa

- „High K": neue Materialien mit hohem K-Wert (Dielektrizitätskonstante) auf dem Chip, die Siliziumdioxid als Transistortrennschicht ersetzen und dabei mehr elektrische Ladung speichern und weniger Leckströme durchlassen: z.B. Hafniumdioxid (Abb. 1-2a im Bilderanhang),

- „Strained Silicon": Silizium mit verspanntem Kristallgitter, das die Beweglichkeit der Elektronen erhöht,

- „AirGap": Vakuumbläschen als Isolation um die kilometerlangen Leitungen auf einem Chip, die die Verluste verringern (Abb. 1-2b im Anhang),

- „3D-Chip-Stacking": vertikal übereinander gestapelte und direkt verbundene Chips, die die Länge der Verbindungsleitungen drastisch verkürzen,

- „Immersions-Lithographie": verbesserte Optik zur Chipproduktion. Dabei wird zwischen dem Objektiv des Lithographiesystems und dem Wafer eine transparente Flüssigkeit gefüllt (i. Allg. Wasser) – dies erlaubt höhere Tiefenschärfe und damit kleinere Strukturen.

Trotz dieser Massnahmen haben heutige Hochleistungschips das Problem, insgesamt zu viel Strom zu verbrauchen, typisch 30 W bis 150 W. Leider hat die Entwicklung des Stromverbrauchs in den letzten 20 Jahren auch exponentielles Wachstum gezeigt! Die Wärmedichte Watt/cm² moderner Chips übersteigt die einer Kochplatte bei weitem, wir nähern uns wie seit langem vorhergesehen eher der Energieflussdichte der Kernoberfläche eines Atomreaktors von etwa 200 W/cm²! Moderne Chips und Schaltkarten brauchen dadurch ausgeklügelte Kühltechnik. Bei zukünftigen Chips treten hierfür zu den elektrischen Strukturen noch Netze von Mikrokanälen mit Kühlflüssigkeit auf dem Chip – am einfachsten mit Wasser –, die effiziente Kühlung ermöglichen. Eine eingebaute Mikropumpe betreibt dieses der Natur nachempfundene Kapillarsystem. Damit wird nicht nur die Lebensdauer der Chips erhöht, sondern auch der Wirkungsgrad der Kühlung selbst gegenüber (noch dazu lärmender) Luftkühlung.

Eine andere Herausforderung im Chipdesign (und Systemdesign) ist die Datenübertragung, das heisst das Beschaffen und Transportieren von Daten so schnell, wie es die schnellen Prozessoren benötigen – und das ist insgesamt in der Ordnung von Terabit/sec, etwa fünf Grössenordnungen über der Datenrate eines DVD-Geräts. Ein Trend in der Datenkommunikation in Computersystemen (zwischen Boxen, Schaltkarten oder Chips) ist der fortschreitende Übergang von Kupferverbindungen zu Lichtfaserverbindungen auf immer kürzere Distanzen: Die benötigten Datenraten werden so hoch, dass es sich selbst auf kurzen Strecken lohnt, von elektrischer Leitung auf Lichtübertragung überzugehen (und zurück). So können in Zukunft Dutzende von parallelen Lichtleitungen (z.B. eingebettete Lichtleiter in der Oberfläche der Schaltplatine) von Chip zu Chip führen oder sogar in fernerer Zukunft auf einem Chip von Rechnerkern zu Rechnerkern.

Die wachsende Anzahl der Transistoren auf einem Chip hat noch einen weiteren Effekt: Diese Zahl steigt als Flächeneffekt quadratisch mit der Verkleinerung der Bauelemente von Generation zu Generation an, aber die Zahl der Stifte der Verbindung vom Chip zur Aussenwelt kann aus mechanischen Gründen kaum weiter wachsen – diese Zahl liegt heute etwa zwischen 100 und 1500. Dies bedeutet, dass mit jeder Generation immer mehr Transistoren auf den Pin entfallen – etwa eine Million pro Pin – und die Datenraten müssen entsprechend wachsen. Leider ist auch dies ein Grund für den Anstieg des Energieverbrauchs.

1.3   Nanotechnologie und IT

Nach einer elementaren Definition spricht man von Nanotechnologie, wenn die erzeugten Strukturen kleiner sind als ein Zehntel eines Mikrometers. Die Chiptechnologie hat diese Grenzen schon längst unterschritten – im Labor wurden Halbleiterstrukturen unter 6 nm erzeugt. Oft sind nanotechnische Produkte rein passiv wie schmutzabweisende Wandbeschichtungen („Lotuseffekt") oder UV-absorbierende unsichtbare Kügelchen in Kosmetika. Computerchips dagegen sind komplexe, aktive Systeme, ja die komplexesten Strukturen, die je von Menschen gebaut wurden.

Insbesondere mit dem Grundmaterial Silizium hat man dabei Techniken zu beherrschen gelernt, die man auch ausserhalb der üblichen Computertechnologie CMOS einsetzen kann. Aus Silizium lassen sich so mikromechanische und sogar nanomechanische Strukturen ätzen, mit feinsten Federn, Spitzen und Kanälen. Die mechanischen Eigenschaften des makroskopisch so spröden Siliziums sind in diesen Regionen unterhalb des Mikrometers vollkommen verschieden!

Optische Strukturen mit Einzelheiten weit unterhalb der optischen Wellenlängen produzieren neue optische Effekte auf dem Chip (Photonik). Verschiedene nanomechanische Effekte setzen auf der Technologie der Erzeugung und Verwendung feinster Spitzen aus Silizium auf – damit lassen sich Daten extrem dicht speichern, Elektronenwolken (Orbitale) abtasten oder sogar einzelne Atome verschieben; berühmt ist das schon historische IBM-Logo aus 35 Xenonatomen auf einem Nickelkristall (Abb. 1-3a im Farbbild-Anhang). Die Abbildung 1-3b, ebenfalls im Bilderanhang, symbolisiert eine andere Entwicklung, die Verbindung zu Sensorik und zu Biotechnik: Hier verändert die elektrische Spannung an der feinen Spitze die Beweglichkeit von Biomolekülen, verschiebt oder fixiert sie. Dieses Logo ist aus DNA-Fragmenten „geschrieben". Der Trend zur Verknüpfung von Nanotechnologie und synthetischer Biologie ist eine der wichtigsten langfristigen Entwicklungen im Bereich der IT.

In der Forschung für neue Rechenprinzipien jenseits der jetzigen „CMOS-Technologie" werden ganz neue nanotechnische Verfahren untersucht. Hauptvertreter sind (aus Sicht des Jahres 2008)

- Computerbausteine aus und mit Kohlenstoffnanoröhrchen (Carbon Nano Tubes, CNT) oder aus ebenen monoatomaren Kohlenstoffschichten (Graphen)

- Molekulare Elektronik mit einzelnen speziell entworfenen Molekülen

- Computerelemente auf der Grundlage des Spins (Drehimpulses und damit des Magnetismus) der Elektronen an Stelle der elektrischen Ladung (Spintronik)

An dieser atomaren Grenze der Technologie können Photonen (Licht), elektrische Ladungen, die Position von einzelnen oder Gruppen von Atomen oder die Zustände von

Spins (die magnetischen Ausrichtungen von Elektronen oder Atomen) als Datenspeicher und Schalter verwendet werden. In den Labors wetteifern verschiedenste
Technologien darum, die grossen Zukunftsinvestitionen an sich zu ziehen. Eine prinzipielle Beobachtung und Warnung: Die etablierten Technologien haben den Vorteil der
erfolgten grossen Investitionen und der grossen aktiven Entwicklungsteams, die hier an
jeglicher denkbarer Verbesserung arbeiten. Etabliert – im Jargon, in den Schützen-
gräben oder „entrenched" – sind Technologien wie CMOS für die Prozessoren und
magnetische Festplatten und Flashspeicher für periphere Speicher. Solche Technologien haben ein besonders zähes Leben.

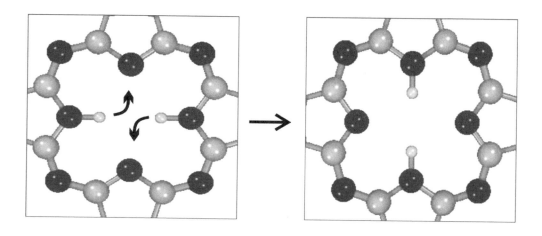

*Abbildung 1-4:   Das Schaltexperiment zwischen zwei Formen des Moleküls Naphthalocyanin
(Peter Liljeroth et al., 2007).*

Auf der wissenschaftlichen Seite stehen eindrucksvolle Experimente auf atomarer Ebene, etwa molekulares Domino und atomarer Abakus (Don Eigler, 2002) oder molekulare Elektronik (Heike Riel et al., 2007). In einem modernen, letztlich chemischen Experiment verwenden Liljeroth und Meyer (Peter Liljeroth et al., 2007) besondere Moleküle
(Naphthalocyanin) mit inneren offenen Plätzen, auf denen ein Paar von Wasserstoff-
atomen zwei verschiedene Positionen einnehmen kann: Ein Spannungsimpuls schaltet
um, und die andere Position wird eingenommen. Das restliche Molekül bleibt stabil und
unverändert und speichert dadurch insgesamt ein Bit (Abb. 1-4).

Viele dieser Prinzipien sind viel versprechende Ansätze zur Verringerung des Stromverbrauchs und zur weiteren Miniaturisierung, und alle sind Gegenstand der aktuellen

Forschung. In den Bereich der Spintronik gehören auch moderne Festplatten mit quantenmagnetischen Effekten und die ersten Magnetspeicher vom Typ MRAM – allerdings existieren noch keine eigentlichen magnetischen logischen Rechenelemente.

Als weiterer Forschungsansatz ist das exotische „Quantum Computing" zu nennen, bei dem unmittelbar Quanteneffekte wie die „Verschränkung" von Zuständen zu fundamental neuen Computing-Konzepten ausgenützt werden sollen (oder in ersten Experimenten tatsächlich verwendet werden).

Die IT-Forschung und -Entwicklung im Bereich der Nanotechnik hat nicht nur eine grosse Bedeutung für die IT selbst, sondern leistet Pionierarbeit für die gesamte Technik. Ein Beispiel ist die Entwicklung neuer Produktionsmethoden. Während bisher die Chipstrukturen durch Lithographie (d.h. durch Ätzen aus dem vollen Material oder durch Beschichtungen) mit Hilfe von vielen Gigabytes an Steuerinformation erzeugt wurden, lernen wir zurzeit, wenigstens im Labor auch solche Strukturen wachsen zu lassen und dieses Wachstum hin zu sinnvollen Strukturen zu dirigieren. In biologischen Prozessen wachsen Strukturen durch molekulare, selbstorganisierende Prozesse, die molekulare Selbstanordnung oder Self-Assembly. Aus der inneren Molekülstruktur heraus (dem „Folding") oder in Wechselwirkung mit anderen Molekülen entstehen die komplexen biologischen Strukturen des Lebens. In der Technik versuchen wir Zwischenwege, um das Wachstum zu den gewünschten nichttrivialen Strukturen hin zu dirigieren.

In einem Nanoprinting-Verfahren (IBM/ETH Zürich, 2007) verwendet man ein Druckverfahren, um ultragenau ein bestimmtes Partikelmuster zu erzeugen, präzise in jedem einzelnen Nanoteilchen. Im ersten Schritt erzeugt man einen Stempel, der die Steuerinformation einprägt. Im nächsten Schritt werden im Sinne von Self-Assembly die vorbereiteten Positionen aus einer Lösung mit Nanopartikeln gefüllt und schliesslich auf das Substrat übertragen. Der Stempel kann wiederverwendet werden, wie eine Werkzeugmaschine für Nanotechnik. Im Gegensatz zur Lithographie, die subtraktiv arbeitet, werden hier die Nanostrukturen additiv aufgebaut. Abbildung 1-5 zeigt die Nachbildung eines historischen Sonnenbildes im Nanodruckverfahren, hier aus 20'000 Goldpartikeln zu je 60 nm Durchmesser (etwa einem Hundertstel der Grösse eines roten Blutkörperchens) bestehend.

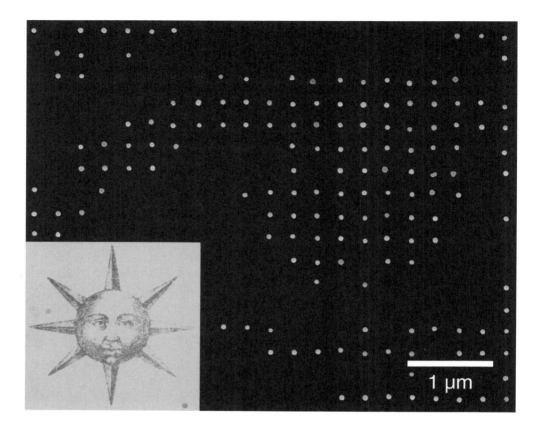

*Abbildung 1-5:   Nanodruck der Sonne von Robert Fludd (17. Jahrhundert) als Technologie-
                  demonstration (20'000 Goldpartikel zu je 60 nm Durchmesser;
                  elektronenmikroskopische Aufnahme, IBM)*

Der Physiker Richard Feynman hat 1959 die Ära der Nanowissenschaften eingeläutet
mit einer Rede zum Thema „Es gibt viel Platz da unten [im atomaren Bereich]" („There
is plenty of room at the bottom") – und noch immer gibt es „unten", in der Nanotechnologie, viel Platz für Neues.

1.4   Grüne IT (I)

Die Informationstechnologie spielt eine entscheidende Rolle bei der Lösung von Um-
weltproblemen jeglicher Art und damit beim Übergang zu einer nachhaltigen Wirtschaft
und Gesellschaft. Einen Problemkreis muss sie aber in eigener Sache lösen: den eigenen Energiebedarf. Der Report der US Environmental Protection Agency 2007 gibt an,
dass die Rechenzentren in den USA im Jahr 2006 etwa 1,5% des gesamten Stromverbrauchs konsumierten mit maximal 7 Gigawatt (GW) Leistungsaufnahme entsprechend 15 Grosskraftwerken. Das prognostizierte ungebremste Wachstum ist eine Ver-
dopplung bis zum Jahr 2011.

Der Verbrauch der IT ist auf allen Ebenen zu hoch, z.T. auch höher als nach heutigem
Stand der Technik erforderlich. „Energie für IT" betrifft die Technologiebereiche

- mobile IT und Sensorik,

- Chiptechnologie selbst,

- IT-Systeme, insbesondere die Rechenzentren (Data Centers) und Supercomputer.

Die Verringerung des Energiebedarfs dieser Bereiche ist eine Grundaufgabe der IT.

Für mobile Systeme gilt dies auf Grund der physikalisch begrenzten Batterietechnik
und der Anforderung, in manchen Anwendungen mit einer Batterie oder Akkuladung
Jahre auszukommen. Obwohl Hightech-Batterien wie Lithiumionen-Akkus eine Energie-
dichte ähnlich Benzin erreichen (mit ähnlicher Explosionsgefahr), ist der Fortschritt
durch die Gesetze der Physik bzw. Chemie begrenzt: Während Mikroprozessoren ihre
Leistung um den Faktor 100 Millionen verbessert haben, ist es bei Batterien ein Faktor
3. Allerdings hilft umgekehrt das Moore'sche Gesetz: Bei Chips mit geringer Transisto-
renzahl wird der Stromverbrauch so gering, dass eine Vielzahl von alternativen Strom-
erzeugungsverfahren möglich wird – wie Photovoltaik, ein Stromgenerator im Schuh
oder am Knie, der beim Laufen elektrische Energie erzeugt, die Gleichrichtung mecha-
nischer Schwingungen oder das gezielte „Beamen" von elektromagnetischer Energie in
eine Miniantenne.

Die Designer der Chips von Mikroprozessoren verwenden eine (wachsende) Zahl von
technischen Tricks, um den Stromverbrauch zu reduzieren. So verdoppelte sich z.B.
von der IBM-Chipgeneration „Power5" zu „Power6" die Taktfrequenz auf 4,7 GHz bei
gleich bleibendem Leistungsbedarf von etwa 100 Watt. Ein verwendetes Grundprinzip
ist das – mindestens teilweise – Abschalten von gerade nicht benötigten Bereichen
oder sogar Gruppen von Schaltkreisen. Diese Stromspar-Massnahmen erfordern eventuell auch Information aus „höheren" Ebenen, in Zukunft auch von den Anwendungen
selbst.

Der Stromverbrauch der IT im Grossen – insbesondere von Rechenzentren – ist in den letzten Jahren ein kritisches Thema der IT geworden. Mehrere Trends haben sich ergänzt oder multiplizieren sich:

- rasch wachsender Bedarf an Rechenleistung und Datenspeicher,

- steigender elektrischer Leistungsbedarf pro Rechner, damit verknüpft wachsender Kühlbedarf, bei rasch wachsender Anzahl von Low-Cost-Servern und Blade-Servern, d.h. von Computern, die wegen einfacher Handhabbarkeit (Systemmanagement) oder ganz einfach wegen niedriger Einzelkosten als „Hardware von der Stange" (im Englischen COTS) verwendet werden, und dazu andererseits

- steigende Kosten für das Watt (oder Megawatt) sowie

- technische Schwierigkeiten, sowohl in den Gebäuden wie in den Schaltkarten ausreichend Kühlung einzubauen, gemessen in Watt/m² bei Häusern bzw. Watt/cm² bei Chips.

Unwirtschaftlich war (oder ist noch) das Vorhandensein von grossen thermischen Ungleichheiten (sog. Hotspots) im Rechenzentrum. Die Abbildung 1-6 im Farbbild-Anhang zeigt das Beispiel der Wärmeverteilung in einem konventionellen Rechenzentrum mit einem „Hotspot": Es ist ökonomischer, möglichst gleichmässige Temperaturen im Rechenzentrum zu haben und mit möglichst geringen Temperaturgradienten in der Kühlung zu arbeiten: Wasserkühlung ist wesentlich intensiver als Luftkühlung. Die Rückkehr der Wasserkühlung ist eine wahrscheinliche Entwicklung, eventuell direkt durch ein Netz aus Mikrokanälen auf den Hochleistungschips der Computer. Die konsequente und ausgeklügelte Ausnützung der Abwärme auf möglichst hohem Temperaturniveau, etwa zum Heizen von Gebäuden oder Schwimmbädern, sorgt für eine bessere Energie- und Kohlendioxidbilanz.

Das Energieproblem führt damit zu einer Reihe von Gegentrends:

- Entwicklung von energiesparenden Chips,

- systemübergreifende Entwicklung mit Fokus auf Energieeffizienz,

- herstellerübergreifende Aktionen der globalen IT-Industrie wie die „Green-Grid"-Initiative.

Ein wachsender aktueller IT-Trend, der unmittelbar helfen kann, ist die Virtualisierung von Computerressourcen: Virtualisierung ist ein IT-Architekturprinzip, das bei den klassischen IBM-Rechnern („Mainframes") seit 40 Jahren verwendet wird: Dadurch werden Mainframes typischerweise zu 90 % ausgelastet – ein PC zu Hause häufig nur zu 2 bis 3 %, Unternehmensrechner oft zu 20 bis 30 %! Virtualisierung bedeutet die Standardisierung von Rechnerressourcen. Sie ermöglicht die Zusammenfassung von vielen (schlecht ausgelasteten) Servern zu einem flexibel sich selbstverwaltenden Hochleistungssystem mit hoher Auslastung. In der Tat stehen die klassischen Mainframes mit sicherer Virtualisierung und in moderner Version an vorderster Front der Zusammenfassung von Einzelsystemen (Serverkonsolidierung) zu den grössten kommerziellen Systemen überhaupt, etwa im Grossbankenbereich.

Im privaten PC-Bereich kann die ungenützte Computerzeit seit einigen Jahren „gespendet" und für Anwendungen global zusammengefasst werden, von der Analyse von Radiosignalen auf der Suche nach Ausserirdischen (SETI@home) bis zu philanthropischen Zwecken wie der pharmazeutischen Forschung, etwa im World Community Grid.

Eine Diskussion des Stromverbrauchs der IT mit Beschränkung auf die IT-Systeme ist nicht vollständig. Zwei ganz allgemeine Elektronik-Sünden im Energiekonsum sollen hier wenigstens erwähnt werden, die sich lange unbemerkt zu Grossverbrauchern entwickelt haben:

- unwirtschaftliche Spannungswandler und Gleichrichter und

- unwirtschaftliche Standby-Geräte.

Viele elektronische Geräte – vom Büro bis zur Unterhaltungselektronik – benötigen Gleichspannung und wandeln hierzu in den Netzgeräten hohe Wechselspannung in niedrige Gleichspannung um. Kritisch ist der Wirkungsgrad dieser Umwandlung: Manche Netzgeräte verlieren bis zu 80 % der Energie als Wärme, gute Netzgeräte nur 10 % oder weniger.

Durch die Standby-Funktion verbrauchen viele Geräte weiter Energie, auch wenn sie an und für sich ausgeschaltet sind: Hier kann ein gutes Design ganz drastisch den Verbrauch reduzieren.

Netzgeräte und Standby-Funktionen verbrauchen elektrische Energie im Allgemeinen 24 Stunden am Tag, und das grösste Problem ist ihre grosse und weiter wachsende Anzahl: Weltweit sind es mehr als zehn Milliarden! Bereits im Jahr 2000 soll allein in der EU der Stromverbrauch durch Standby in den Haushalten etwa 12 Grosskraftwerke benötigt haben ...

1.5 Schlussbemerkungen zu Grundtechnologien und das „Gesetz von Gilder"

Die Entwicklung der Grundtechnologien geht weiter: Seit vielen Jahren erwartet man „die Grenze". Im Prozessorenbereich war es zunächst die Wellenlänge des Lichts (etwa 400 nm), jetzt ist es das Sichtbarwerden atomarer Grenzen. Selbst hier gibt es – ohne natürlich die Atome kleiner machen zu können – noch für etwa ein Jahrzehnt gesicherte Weiterentwicklungsmöglichkeiten von CMOS als Ultra-CMOS. Danach folgen eventuell noch eine oder mehrere der erwähnten alternativen Nanotechnologien als sogenannte Post-CMOS-Epoche, vielleicht zunächst als hybride Produkte mit klassischer Siliziumtechnologie, im Verbund mit Neuem.

Neben der Technologie werden die Marktkräfte ganz entscheidend sein: Werden die notwendigen Investitionen weiter erfolgen? Das Moore'sche Gesetz hat eine technische Seite und eine Marktseite: Eine neue Chipfabrik kostet etwa 2 bis 3 Milliarden $ (wie die IBM-Chipproduktion in East Fishkill, USA). Schliesslich sind jetzige Computer für viele Anwendungen ausreichend oder genügend (sogenannte Enough-Technologien), etwa für persönliche Textverarbeitung und einfache Text- und Bildkommunikation.

Die Grundtechnologie „magnetische Festplatte" ist ein ausgezeichnetes Beispiel einer langlebigen „Technologie kurz vor dem Ende der Technologie": Sie wurde vor über 50 Jahren von IBM erfunden, mit dem historischen Produktnamen RAMAC und den typischen Daten:

450 kg Gewicht, 5 Megabyte Speicher und 50'000 $ Preis.

Die Technologie hat sich bis zum Jahr 2007 um den Faktor 20 Milliarden verbessert (Abb. 1-7) – und wird dabei seit 20 Jahren „in 5 Jahren" totgesagt. Die magnetische Aufzeichnung hat dabei auch den Weg von der Mikro- zur Nanotechnologie genommen (vor allem in den Schreib-Leseköpfen). Tatsächlich enthalten diese Magnetspeicher neben nanotechnischen Lese- und Schreibköpfen „noch" rotierende Platten und Mechanik mit Motoren und Kugellagern, ein Unikum in unserer elektronischen Welt. Vor 20 Jahren war die Magnetblasen-Speicherung der Kandidat zur Ablösung, heute stehen vor allem Flash-Memorys als Halbleiterspeicher bereit. (Flash-Memorys sind jedem PC-Benutzer als USB-Sticks bekannt). Obwohl eine etablierte Industrie, ist auch die Flashtechnologie wieder eine Technologie mit der Prognose „Ende der Fortentwicklung in etwa 5 Jahren". Daten lassen sich eben durch viele Technologien speichern. Eine heutige, besonders vielversprechende Speichertechnik mit Halbleitern verwendet Chips, die die Bits als amorphes oder kristallines Material unter gekreuzten Leitungen speichern. Die Information steckt in der Art der Phase des Halbleitermaterials, amorph oder kristallin (Phase Change Memory).

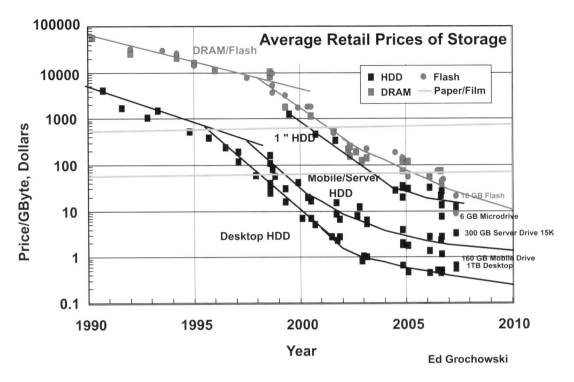

Abbildung 1-7: **Die Entwicklung der Speicherkosten bei Plattenspeichern (nach Ed Grochowski, 2008). Das Rennen zwischen Platten (HDD's) und Halbleiterspeichern (Flash-Memory) kommt in die kritische Phase, eventuell mit Zwitterprodukten (hybriden Speichern).**

Eine klassische Konkurrenz bedroht die Magnetplatten dazu: Die Magnetbänder nähern sich in der Speicherdichte auf dem Bandmedium den Werten der Platten an zu einem um Grössenordungen niedrigeren Preis pro Giga- oder Terabyte und insbesondere bei etwa 50-mal geringerem Energiebedarf.

Für die IT als Ganzes hat Georg Gilder 1996 beobachtet, dass die wertvollste (knappste) Ressource im System die gesamte Architektur bestimmt, dazu als Nächstes die Ressource, die jetzt ausreichend oder gar im Überfluss vorhanden ist ("Gilder's Gesetz", George Gilder, 1996). Zu Beginn der EDV war die wertvollste Systemkomponente der Prozessor. Die logische Konsequenz waren die ersten Mainframes als Zentrum von Terminalnetzen mit Tausenden von (historisch „grünen") Bildschirmen. Die Software der Mainframes war das Betriebssystem, das die wertvolle Zentraleinheit auf die Benutzer an den Terminals im Zeitscheibenverfahren verteilte. Die nächste Ära brachte den PC mit preiswerter lokaler Rechen- und Speicherkapazität, aber beschränkter Bandbreite im Netz – und damit die Client-Server-Ära. Auf der harten technischen Seite scheint heute eine ganz andere Ressource knapp zu werden und den nächsten Trend nach Gilder zu setzen: die elektrische Energie. Es ist abzusehen, dass auch die „Redshift"-Systeme an diese Grenze stossen: Es wird geschätzt, dass Ende 2006 die fünf grössten Suchmaschinen allein insgesamt 2,4 bis zu 5 Gigawatt elektrischer Leistung brauchten (George Gilder, 2006)!

In Tabelle 1 werden die Übergänge illustriert – ausgehend von der Glashaus-Epoche mit der wertvollen zentralen Einheit. In diesem Stadium wurde im Extremfall jeder einzelne getippte Buchstabe an das Zentralsystem zur Bearbeitung geschickt. Auch die Redshift-Systeme werden weiter wachsen, aber in Zukunft balanciert und mit durchgehender Energieoptimierung des Gesamtsystems vom Chip bis zum Gebäude.

Epoche	Prozessor Host (CPU)	Kommunikation Bandbreite	Frontrechner (Klient)	Elektrische Energie	Kommentar zur Epoche
1960 bis 1980	Wertvoll	Schmalbandig	Einfach („dumm")	Kein Thema	Glashaus-Epoche
1980 bis 2000	Kein Problem	Schmalbandig	Mittelmässig intelligent	Kein Thema	Client-Server-Architektur
2000 bis 2006	Kein Problem	Breitbandig	Intelligent	Kein Thema	Problemloses Wachstum im Web
2007+	Kein Problem	Kein Problem	Kein Problem	Wertvoll	Optimierte Systeme

Tabelle 1:   *Die historischen Architekturstufen der IT nach Gilder, ergänzt um den Einfluss der heute wertvoll gewordenen Ressource „Energie".*

Wenn wir über die physikalischen Aspekte der IT hinaus das Gesamtsystem sehen, so gibt es auf die Frage von Gilder nach der wertvollsten Ressource noch eine zweite Antwort aus dem sozialen und kommunikativen Bereich: Die wertvollste Ressource ist der Mensch, in der Arbeitszeit des Programmierers oder in der Aufmerksamkeit des Konsumenten in der Informationsflut durch die modernen Medien.

2 Trends im Computer System Design

2.1 Exponentielles Wachstum der Systeme: übergrosse Systeme (Ultra Large Systems)

Das Moore'sche Gesetz bedeutet nicht nur das Wachstum der Leistung der System-komponenten – und hat so mächtige Mikroprozessoren hervorgebracht –, sondern es hat auch ein exponentielles Wachstum der Grösse der Gesamtsysteme selbst ermöglicht. In vielen Bereichen haben die typischen Systemparameter übermenschliche Grössenordnungen erreicht, wie in der Zahl der verknüpften Rechenelemente, der beteiligten Prozesse und Menschen, der Aktionen pro Sekunde und insbesondere bei den Datenmengen, die gespeichert und manipuliert werden.

In der Abbildung 1-7 wurde die Ursache aus wirtschaftlicher Sicht aufgezeigt: Der exponentielle Preisverfall pro gespeichertem Byte oder Megabyte und das zugehörige „Rebounding", d.h. die Entstehung neuer Anwendungen durch die niedrigen Kosten. Grossunternehmen wie Grossbanken haben heute typischerweise Petabytes Daten im Online-Zugriff, Grossforschungsanlagen wie das CERN produzieren durchaus 10 Peta-bytes im Jahr – und die typische Datengrösse beim Aufzeichnen eines gesamten menschlichen Lebens, des „Lifeloggings" (siehe Gordon Bell und Jim Gemmell, 2007), ist nur ein Terabyte!

Eine nützliche Übersicht der verwendeten Masseinheiten gibt Tabelle 2.

Bezeichnung der Datenmenge	Mega-byte	Giga-byte	Tera-byte	Peta-byte	Exa-byte	Zetta-byte	Yotta-byte
Zehnerpotenz	10^6	10^9	10^{12}	10^{15}	10^{18}	10^{21}	10^{24}

Tabelle 2:   *Die genormten Tausenderschritte in den Masseinheiten für Datenmengen. Die Normung endet bei „Yotta"; weitere fünf Vorsilben sind in der Diskussion.*

Die praktische Verwendung dieser Einheiten in der IT endet heute etwa beim Exabyte, aber die IT-Systeme wachsen weiter exponentiell:

Bezeichnet man die Gesamtheit der digitalen Information als „digitales Universum", so wachsen bzw. wuchsen nach IDC (John Gantz, IDC, 2007) die Datenmengen in diesem Universum pro Jahr durch Erzeugung und Kopieren

- 2006 um 255 Exabytes,

- 2010 um 988 Exabytes.

Damit wird die neue digitale Information pro Jahr nach 2010 die Zettabyte-Grenze überschreiten: Der umfangreichste Teil des Datenstroms – heute schon etwa 75 % – wird von Privatpersonen erzeugt, etwa 3 % des Gesamtvolumens steckt in den E-Mails, aber den grössten Anteil haben Bilder, Video- und Musikdaten. Allgemein sind 95 % der Datenflut solche (sogenannten) unstrukturierten Daten, im geschäftlichen und öffentlichen Umfeld auch grosse Mengen von Messdaten und Aufnahmen von Überwachungskameras. „Strukturierte" Daten können in klassischen Datenbanken effizient verarbeitet werden und sind hochkonzentriertes Wissen – in Bildern oder Videos ist die sinnvolle Information verteilt und viel schwieriger zugänglich.

Zwar werden nicht alle diese Daten gespeichert – aber die Systeme müssen diese Grössenordnung handhaben (im Jahr 2010 nach IDC etwa 70 Billiarden Dateien!), und zwar für die sinnvolle Lebensdauer der Information als Life Cycle Management, mit wachsenden Ansprüchen an Sicherheit und Datenschutz.

Speichersysteme im Bereich von Petabytes und besonders „jenseits des Peta" bekommen neue Eigenschaften, insbesondere führen die prinzipielle Beherrschung (Manageability) und das Thema Zuverlässigkeit zu neuen ernsten Problemen. Bei Speichern werden allgemein sogenannte RAID-Verfahren zur Erhöhung der Datensicherheit benützt (Redundant Arrays of Independent Disks): Die Information wird dabei auf mehrere Speichereinheiten „verschmiert". Bei Gerätefehlern kann so die Information rekonstruiert werden – allerdings treten bei wachsender Systemgrösse immer neue Fehlersituationen auf, z.B. Fehler während der Behebung von Fehlern, die neue technische Verfeinerungen erfordern. Im Fehlerfall bedeutet der Zugriff auf die verteilte Information für viele dieser Plattenlaufwerke Schwerstarbeit zusätzlich zum normalen Betrieb und damit das Risiko eines Fehlers höherer Ordnung.

Das Verhalten von sehr grossen Systemen (Ultra Large Systems, ULS) aus Bausteinen in sehr grosser Zahl wirft allgemein neue Fragen auf: Wie erreicht man sicheres Funktionieren derartiger Systeme? Oder umgekehrt: Wann kollabieren sie? Entstehen neue Eigenschaften allein aus der extremen Grösse? Bekommen sie ein unerwünschtes oder gar ein positives, erwünschtes Eigenleben? Wie verhalten sich grosse Anzahlen von Benutzern? Wie baut man Systeme für sehr grosse Lebensdauern, wenn die verschiedenen Ebenen des Systems ganz verschiedene Lebensdauern haben? Teile der Infrastruktur müssen sehr langlebig sein – es gibt Anwendungen, etwa im militärischen

Bereich oder bei Infrastrukturen, die 30 oder gar 50 Jahre bestehen müssen. Wie macht man sie anpassungsfähig, wie bereitet man sie sozusagen systematisch auf eine Evolution vor?

Die langfristige Lesbarkeit von Daten ist ein typisches derartiges Problem, das bisher im Wesentlichen durch automatisches Umkopieren auf die nächste Speichergeneration gelöst wird.

Eine andere aktuelle Herausforderung sind ULS-Systeme, die in grossem Umfang Sensorik enthalten und damit statistische Ereignisse verarbeiten müssen (intelligente Netze, s.u.).

Insgesamt ist ein Ende im Systemwachstum nicht erkennbar.

2.2 Wissenschaftlich-technische Systeme und ihre wachsende Bedeutung

Eine Klasse von Grosssystemen findet besonderes Interesse, in der Forschung wie in der Politik: die Supercomputer. Nach einer pragmatischen Definition sind es jeweils die grössten finanzierbaren Rechnersysteme für wissenschaftlich-technische Zwecke, allgemein für rechenintensive Anwendungen. Die Abbildung 2-1 (im Bildanhang) zeigt die hier gültige Version des Moore'schen Gesetzes am oberen Ende der Grössenskala von Computern: Es ist die offizielle Liste der TOP-500-Organisation, die zweimal im Jahr die Daten der gemeldeten Supersysteme sammelt und geordnet nach der Leistung (Linpack-Benchmarks) veröffentlicht. Es ist keine Abschwächung des Wachstums zu erkennen!

Die heute führenden Systeme wie IBMs BlueGene/L sind dabei für maximale Leistung unter Randbedingungen entwickelt worden, Randbedingungen wie

- recht konventionelle Komponenten (aus Kostengründen),

- möglichst enge interne Kommunikation (damit stark gekoppelte „echte" wissenschaftliche Simulationen möglich sind)

und insbesondere

- optimale Energieausnützung.

Bis zu 100'000 Einzelprozessoren arbeiten zusammen, eine hohe Anforderung an die interne Kommunikation und an die Systemsoftware.

Der absolut „schnellste" Rechner ist dabei auch der Champion gemessen in „GFlops/Kilowatt". Bei suboptimalem Design kann der Betrieb eines Supercomputers leicht mehrere Millionen Dollar oder Euro im Jahr mehr an Energie kosten!

Die technische Entwicklung – zusätzlich getrieben von politischem Ehrgeiz – wird rasant weitergehen zum Supercomputer mit zunächst einem Petaflop als Spitzenleistung und dann mit einem Petaflop als gehaltene Durchschnittsleistung im Jahr 2008 bzw. 2009. In den USA und in Japan entsteht die nächste Generation auf den Reissbrettern für die Jahre ab 2010 mit 10 Petaflops (Spitze) und 2 bis 4 Petaflops Dauerleistung. In den Anforderungen entsteht als neuer Trend der Wunsch, ein besseres Mass für die Leistung zu haben als die summierten theoretischen Werte (im Jargon die „MachoFlops"), aber auch mehr als die Fähigkeit, grosse lineare Gleichungssysteme zu lösen (gemessen durch den Testsatz Linpack-Benchmark): Naturgemäss stellen sich die Computerbauer auf diese Tests ein, um die besten Werte in den Vergleichen zu erhalten.

Für reale allgemeine Anwendungen ist das Mass GUPS von wachsender Bedeutung, die „Giga Updates pro Sekunde". GUPS testet die Effizienz des Speichersystems des Computers. Hier wird gemessen, wie viele Milliarden zufällig ausgewählter Speicheradressen pro Sekunde aktualisiert werden können: Der Rekord von BlueGene/L ist etwa 35 GUPS, das Ziel für das nächste Spitzensystem in den USA, dem High Productivity Computing System der militärischen Forschungsorganisation DARPA, ist nach der Ausschreibung eine Verbesserung auf Werte bis 8000 oder gar 64'000 GUPS. Auf der Ebene der Systemsoftware ist die Anzahl der verwalteten und pro Sekunde erzeugten Dateien ebenfalls eine eindrucksvolle Systemanforderung an die nächste Generation: Bis zu einer Milliarde Dateien im Einzelsystem sind zu verwalten, bis zu 30'000 neue Dateien pro Sekunde sind zu erzeugen.

Grosse und übergrosse Rechner bekommen dabei in Wissenschaft und Wirtschaft eine herausragende Bedeutung: Man löst nicht nur einige Gleichungen, sondern kann die Natur mit der realen „Vielteilchen-Physik" simulieren mit Millionen gekoppelter Gleichungen, Elementen oder Zellen in ihrer Wechselwirkung. Die Simulation wird dem Ablauf der Naturprozesse selbst immer ähnlicher. Aufgaben des Supercomputing im Wissenschafts- und Umweltbereich sind z.B.

- Simulation des Verhaltens von immer grösseren atomaren und molekularen Verbänden, insbesondere auch von Proteinen – etwa für die Pharmazie als Voranalyse oder „Screening" von potenziellen Arzneimitteln, oder für nanotechnische Strukturen direkt aus den Naturkonstanten („ab initio"),

- Wetterberechnungen (auch kurzfristig und dann mit hoher lokaler Vorhersage-Genauigkeit) und Klimasimulationen,

- Simulation und Analyse von Wasser- und Erdölsystemen wie Reservoir-Modellierung und seismische Analysen für die Ölindustrie oder den Umweltschutz.

In der Ökonomie lässt sich ein Markt mit Millionen Freiheitsgraden simulieren und nachbilden.

Für die Ingenieure ergibt sich eine besonders optimale Entwicklung: Während die Strukturen des Maschinenbaus von der Mikromechanik zur Nanomechanik übergehen und immer feiner werden, wachsen die Fähigkeiten der Supercomputer zur molekularen Ab-initio-Simulation von Strukturen von einzelnen oder wenigen Molekülen zu Komplexen von Millionen von Atomen. Eine immer grösser werdende Zahl von aktuellen technischen (physikalischen, chemischen und biochemischen) Aufgaben lässt sich im Computer abbilden und verstehen.

Im Hochleistungsrechnen entwickelt sich neben der Theorie und dem Experiment eine weitere, dritte vollwertige Säule der Wissenschaften und der Technik.

2.3   Spielekonsolen und andere optimierte Systeme, „Accelerators" und flüssige Architekturen

Wenn wir das Moore'sche Gesetz als Ergebnis der Balance zwischen Technologie und Markt ansehen, ergibt sich die Frage: Welche Anwendung treibt den Markt? Offensichtlich war es für viele Jahre der PC, aber seit einigen Jahren treiben wohl eher Computerspiele und multimediale Anwendungen wie digitales hochauflösendes Fernsehen (HDTV) die technische Entwicklung an. Insbesondere die Erzeugung interaktiver virtueller Welten ist bei weitem noch keine „Enough-Technologie"! Musterbeispiel für den aktuellen Trend ist der CELL-Prozessor von Sony, Toshiba und IBM. Die Abbildung 2-2 im Farbanhang illustriert die „Landschaft" des Chips, insbesondere auch die eingebaute Parallelität durch mehrere Prozessoren.

Die Beschleunigung der Erzeugung und Bearbeitung von medialen Datenströmen wird hier durch die Verlagerung der Arbeit auf acht Videoeinheiten (synergistische Prozessorenelemente, SPE) erreicht, die unter der Steuerung eines Prozessors (Power Processor Element, PPE) arbeiten. Dem liegt ein aktueller Systemtrend zu Grunde:

Um eine bestimmte hohe Systemleistung zu erzeugen, ist es energetisch günstiger, mehrere Prozessoren geringerer Einzelleistung (auf einem Chip) zusammenzuschalten, als einen Prozessor sozusagen „gewaltsam" auf diese Leistung zu bringen (Multiple Kerne oder Multicore, bei grösserer Anzahl auch Manycore).

Mehrere Prozessoren pro Chip sind möglich durch die hohe Zahl von verfügbaren Transistoren. Der historische Rückblick zeigt die Entwicklung:

1971 Beginn mit etwa 2300 Transistoren beim Intel-Prozessor 4004,

1993 hat der Intel Pentium bereits 3,1 Millionen Transistoren,

2004 der STI-CELL-Chip 241 Millionen,

2006 Intels Itanium 2 1,4 Milliarden,

2007 der IBM Power6-Chip 789 Millionen Transistoren, und

2008 Intels Tukwila überschreitet die Zwei-Milliarden-Grenze.

Der Tukwila-Chip verfügt über vier Prozessoren bei einem Gesamtverbrauch von 170 Watt. In experimentellen Chipdesigns implementiert man auch bereits Tausende von relativ einfachen Rechnerkernen auf einem Chip.

Für bestimmte festgelegte Aufgabengebiete kann man diesen grossen Raum an Design-Möglichkeiten auch direkt verwenden, um das gesamte zugehörige System auf einem Chip unterzubringen (System-on-a-Chip, SoC). Hier erkennt man auch die Kausalität hinter dem Moore'schen Gesetz: Je mehr Transistoren, desto mehr Funktionen auf dem Chip, desto höher die Leistung (etwa durch geringere Übertragungszeiten), desto niedriger die Kosten, umso grösser der Markt und so weiter (bis heute jedenfalls).

Moderne Entwurfstechnologie wird hier noch weiter gehen und das Chipdesign „flüssiger" machen: In wachsendem Masse ist es möglich, den Chip per Programm an eine Aufgabe anzupassen, sogar im Betrieb umzuprogrammieren. Anstelle einer starr vorgegebenen Systemarchitektur passt sich der Chip mit Hilfe von programmierbarer Logik flexibel der Aufgabenstellung an und wird ein Beschleuniger (Accelerator) für diese Anwendung. Anpassung kann dabei durchaus eine Verbesserung der Leistung für diese spezifische Anwendung um mehrere Grössenordnungen bedeuten – ein in der hardwarenahen Programmierung häufig beobachteter Grad der Verbesserung. Im klassischen Computerbau konnte man durch Umprogrammierung der inneren Programme (der Mikroprogramme) bei fester Hardwarearchitektur die Leistung des Systems drastisch verbessern und die am meisten benötigten Instruktionen gezielt beschleunigen. Während neue optimierte Hardware bisher Monate für ein neues Chipdesign benötigte, sind dies in Zukunft nur Bruchteile von Millisekunden. Naturgemäss kann diese Anpassung auch bessere Leistung bei gleichzeitig effizienterer Energieausnützung bedeuten.

2.4 Der Trend zu tiefem Parallelismus

Parallele Verarbeitung von Aufgaben bedeutet zum einen die Aufteilung einer Aufgabe auf eventuell viele Prozessoren oder zum anderen – wesentlich einfacher – einen Strom von (im einfachsten Fall sogar identischen) Aufgaben, die auf viele Rechenelemente verteilt werden. Im letzteren Fall spricht man auch von „Computerfarmen", etwa bei CERN für die Analyse experimenteller Daten oder bei Google für die Auflösung von Suchaufträgen.

Kritische Punkte bei Parallelverarbeitung sind etwa

- die Grösse der zu verteilenden Aufgaben (grobkörnig oder feinkörnig); diese bestimmt die notwendige innere Kommunikation, je feiner in der Granularität, desto mehr interne Kommunikation,

- die Verteilung der zugehörigen Daten und Zwischenergebnisse und die Bandbreite und die Latenzzeiten der Verbindungen,

- die eventuell automatische Erkennung der Teilaufgaben.

Bereits die Verbindung von Chip zu Chip ist schnell und breitbandig (etwa mehrere Hundert Gigabytes pro Sekunde oder sogar Terabytes pro Sekunde). Dabei wird viel Aufwand getrieben für die elektrische Übertragung (etwa die Hälfte des gesamten Energiebedarfs des Chips!) oder für die Umwandlung in Licht und zurück in elektrische Signale. Und diese Verbindung muss schnell sein, sonst sind Prozessorleistung und Datennachschub nicht balanciert.

Selbst für diese Datenübertragung über extrem kurze Strecken auf einem Chip weist der Trend in Richtung optischer Kommunikation, also der Datenübertragung mit Lichtpulsen von Kern zu Kern. Technische Voraussetzung sind extrem kompakte Laserquellen und kompakte Modulatoren, die die elektrischen Impulse in moduliertes Licht umwandeln: Dies ist ein Hauptziel der Photonik (oder sogar Nanophotonik). In der Chipproduktion hat man es ja gelernt, feinste elektrische Halbleiterstrukturen in grossen Stückzahlen herzustellen. Nun verwendet man diese Kenntnisse für nanooptische Bauelemente und für gemischte elektronisch-optische Bausteine. Nanophotonik erlaubt die Herstellung optischer Strukturen, die weitaus feiner sind als die Lichtwellenlänge und dadurch häufig neue optische Effekte zeigen jenseits der klassischen Wellenoptik.

Diese Prozessorenkerne auf ein und demselben Chip sind nochmals eine Grössenordnung enger (oder „tiefer") gekoppelt und erlauben noch leichter die Verschiebung von Programmteilen, Daten, aber auch von „alten" Betriebssystemfunktionen.

Die neuen technischen Freiheitsgrade erfordern neue Ansätze für das effiziente Programmieren, und dies bedeutet Arbeit und Potential für die nächsten Generationen von Programmierern! Parallelismus wie in den Hochleistungscomputern wird dann vermutlich auch in alltägliche Anwendungen einziehen.

Ein Problem beim Parallelismus ist der Zugriff auf den Datenspeicher durch mehrere Programme: Üblich ist das Blockieren von Datenbereichen für alle anderen vor einer Veränderung. Bei tiefem Parallelismus ruft dies übermässig viele Blockaden hervor. Hier wird eine neue Methodik untersucht, der transaktionsorientierte Speicher. Die Speicheraktionen werden optimistisch durchgeführt, d.h. mit der Annahme, dass kein anderes Programm in die Quere kommt. Am Ende der Operation wird dann geprüft, ob es eine Störung gegeben hat. Wenn ja, werden alle Aktionen zurückgespielt, wenn nein, wird alles bestätigt.

Ein grundlegender technischer Trend ist die Zuwendung zu neuen (parallelen) Architekturen, die von der traditionellen Von-Neumann-Computerarchitektur abweichen. Ziel ist es, geeignete Rechnerarchitekturen zu finden, die wichtige Aufgaben prinzipiell ohne grobkörnige Aufgabenverteilung lösen und damit ohne deutliche weitere Erhöhung der internen Taktfrequenzen auskommen. Eine Klasse wichtiger Aufgaben erfordert die laufende („strömende") parallele Anwendung von vielen – tausenden oder hunderttausenden – Regeln, die sich dazu rasch ändern können.

Hier eine Liste von Beispielen für solche Aufgaben mit strömenden Datenflüssen (Streaming Processing) von rapide wachsender Bedeutung (Gary Stix, 2006):

- Mustererkennung, etwa für SPAM-Filter oder Biometrik,

- XML-Dokumente (das verbreitete Format für hierarchische Datenstrukturen), z.B. das Lesen von vielen Webdokumenten,

- Virenscanning und Verkehrsanalyse in Netzwerken,

- Datenkompression und Verschlüsselung.

In der Von-Neumann-Architektur wird programmgesteuert Befehl für Befehl abgearbeitet, bis eine Verzweigung vom Programm durchgeführt wird, meistens zwischen zwei oder drei Alternativen. Bei der „strömenden" Anwendung einer Mustererkennung z.B. geht es bei jedem Schritt jedoch um Tausende, ja um Hunderttausende von alternativen Mustern, die verglichen werden müssen. In klassischer Rechnerarchitektur wächst der Aufwand exponentiell mit der Zahl der Alternativen (den Zuständen und ihren möglichen Übergängen) an. Eine neue Architektur kommt aus dem IBM-Labor Zürich (Jan van Lunteren, 2006): Die Suchparameter und Verarbeitungsregeln werden dabei direkt in die Maschine einprogrammiert, und der Aufwand steigt nur linear mit der Grösse der Aufgabe. Man bezeichnet den allgemeinen langfristigen Trend, die Hardware des Computers an die spezielle Computingaufgabe anzupassen, mit dem philosophischen Begriff des Embodiment (siehe auch Kapitel 6.5.3, „Menschliche Gefühle und Roboter").

Hier eine pragmatische Warnung: Anwendungen und existierende Software (das Vermächtnis oder die „Legacy" in den Unternehmen) sind erfahrungsgemäss sehr langlebig, nach dem Motto „Never change a winning horse". Für die Praxis darf man noch lange Programme mit traditionellen sequentiellen Programmstrukturen (Single Threaded) erwarten. Das bedeutet, dass es noch lange wichtig bleibt, möglichst schnelle Einzelprozessoren zu haben!

Ein menschlicher Kommentar zum Thema „Parallele Verarbeitung": Auch wir (und nicht nur Chips) unterliegen dem Trend zu höherer Parallelität. Eine zynische Bezeichnung für den modernen Kollegen oder die Kollegin ist das MTIR – Multiple Thread Instant Response: Viele Aufgaben werden parallel bearbeitet, kurz hintereinander oder auch auf verschiedenen Kommunikationskanälen, und jede Anforderung wird sofort beantwortet!

3 Sensoren überall

3.1 Miniaturisierung und Entmaterialisierung

Viele technische Aufgaben der Informatik sind bescheiden im Vergleich zu Hochleistungs-Serverchips, besonders in den Randgebieten von Datennetzen. Hier geht es etwa um das Ablesen eines Stromzählers, einer Temperatur oder die Rückgabe der Identifikation eines bestimmten Objektes. Die Identifikation von Objekten, nicht nur der Art des Objekts, sondern genau des Individuums, und die Verbindung mit dem gegenwärtigen Ort – dies sind zentrale Aufgaben im Umgang mit Objekten jeglicher Art: Objekten wie Gütern im Regal des Supermarkts, aber auch Katzen, Kühen oder Menschen.

Dies ist genau die Aufgabe von Radioetiketten (RFIDs), deren Anwendung in grossem Stil allmählich anläuft. Die Abbildung 3-1 zeigt hier das zurzeit kleinste Radioetikett, nahe an der Vision des intelligenten Staubs, dem „Smart Dust" – allerdings ohne Antennen.

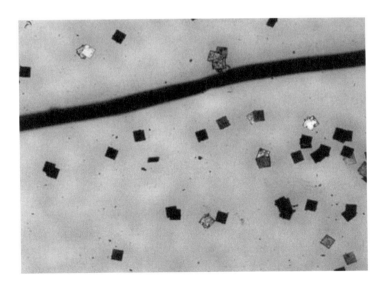

Abbildung 3-1: *Auf dem Weg zum „intelligenten Staub": das kleinste RFID-Chip (40 µm x 40 µm, Hitachi, 2007). Der schwarze Balken im Bild ist ein menschliches Haar.*

Abbildung 3-2: Katze mit Radiotag zum individuellen Öffnen der Katzentür. Besitzer dieser Katze ist Paul Moskowitz, massgeblicher Erfinder der RFIDs mit etwa 50 Patenten ab 1994.

In der Tat bringt das Moore'sche Gesetz für solche Informatikaufgaben mit Sensoren (den Lieferanten von realen Daten) und Aktuatoren (dem aktiven Gegenstück) ebenfalls eine laufende Miniaturisierung mit den erfreulichen Begleiteigenschaften von verschwindendem Volumen, verfallendem Preis und geringerem Energiebedarf. Die Aufgabenbereiche Energieversorgung und (drahtlose) Kommunikation sind in vielen Fällen immerhin hinreichend gelöst. Passive Elemente erhalten ihre Stromversorgung durch Einstrahlung in eine Antenne, aktive Elemente durch eine Batterie. Allerdings folgt die Weiterentwicklung der Batterien einer anderen Gesetzmässigkeit als der Fortschritt der Informationstechnologie: Batterien sind an die engen physikalischen Grenzen der Energieumsetzung bei chemischen Reaktionen gebunden. Der millionen- oder milliardenfachen Verbesserung der Rechenleistung entspricht eine etwa dreifache Verbesserung der Batterietechnik. Aber es hilft indirekt das Moore'sche Gesetz: Der elektrische Leistungsbedarf pro Transistor (und pro Umschalten eines Transistors) ist so drastisch gesunken, dass nun eine Vielzahl alternativer Mikroverfahren zur Stromerzeugung möglich werden – vom Dynamo im Absatz der Schuhe, der beim Laufen arbeitet, bis zur Einstrahlung von Energie als elektromagnetische Strahlung.

Verfallende Preise bedeuten das Erschliessen neuer Applikationen – wenn auch im Bereich der Endverbraucher die RFIDs zunächst nur in Spezialfällen eingesetzt werden wie bei Gilletterasierklingen (zur Vermeidung von Diebstahl) oder Arzneimitteln und Edelgütern wie Luxusuhren (zur Erkennung von Kopien). Pervasive Computing oder Computing überall (Ubiquitous Computing) sind nun keine leeren Schlagworte mehr.

Eine andere unbedingt notwendige Voraussetzung für die erfolgreiche Einführung wird auch allmählich erfüllt: Umfassende und akzeptierte Standards von der Physik bis zu den Anwendungen, von UWB (einem Kommunikationsverfahren zur genauen Ortung im Raum) über OSGi (einem Verfahren der Prozesssteuerung, z.B. für Geräte in einem Gebäude) zu EPC (dem Code für die Produkte). Der elektronische Produktcode EPC ist eine Erweiterung des Strichcodes aus den 70er-Jahren: In der Standardversion identifizieren insgesamt 96 Bits das individuelle Objekt mit verantwortlichem Unternehmen, Typ des Objekts und Seriennummer.

Die nächsten Entwicklungen sind nun die Skalierung auf grosse, sogenannte massive Anwendungen und die sich daraus ergebenden Aufgaben wie deren Management bei einem grossen Potenzial für neue Produkte und vor allem für neue Dienstleistungen. Während Sensorik klassisch in kleinem Massstab verwendet wurde, werden derartige Anwendungen nun flächendeckend verbreitet.

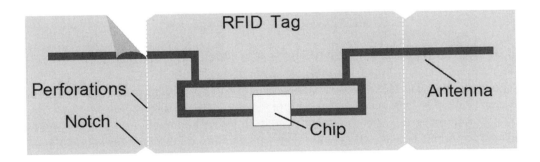

Abbildung 3-3: *Prinzip der Radioetikette (RFID) mit Datenschutzfunktion für den Konsumenten: Durch Abreissen wird das RFID teilweise deaktiviert. Gewinner des Wallstreet Innovation Awards 2006 (Quelle: Paul Moskowitz und Günter Karjoth, IBM).*

Die Anwendung von Sensoren ruft sofort das Bild der Big-Brother-Gesellschaft hervor, besonders wenn es Anwendungen sind, die unmittelbar mit Menschen als Endkunden und Bürger zu tun haben und nicht in der Technik versteckt sind (wie etwa RFIDs in den Paletten eines Grosslagers). Die allgemeine Lösung dieses Problems, die Verwendung der allgegenwärtigen Systeme zu kontrollieren, beschreibt der nächste Abschnitt „Ereignisgetriebene Systeme und Cyberphysik". Hier ein originelles, einfaches und innovatives Beispiel, das Sensorik (RFID-Technik) auf sehr menschliche Art ermöglicht: die RFID-Etikette, die vom Kunden gekappt werden kann (Abb. 3-3).

In der Tat ist (oder wäre) ein Bürger, der versteckt zahlreiche RFIDs am Körper trägt – von den Etiketten in der Kleidung, in der Uhr bis hin zum RFID in der Viagra-Packung im Jackett – ein identifizierbares Ziel voller Informationen. Beim Kauf etwa der Luxusuhr wäre es durchaus möglich, an einer „RFID-Killerstation" beim Verlassen des Ladens das Radioetikett (unsichtbar) mit einem elektromagnetischen Impuls zu zerstören. Aber eventuell fehlt dem Käufer hier das Vertrauen (ist es wirklich geschehen?), zum anderen ist die gesicherte RFID-Information eventuell von Nutzen, etwa bei einem Garantiefall. Das „geklippte" Etikett löst die Aufgabe simpel, elegant und menschlich: Im Originalzustand arbeitet das RFID-Etikett mit einer langen Antenne (im Bild die Aussenbereiche). An einer Perforationslinie oder durch Abrubbeln kann man nach dem Bezahlen die lange Antenne zu einer rudimentären kürzen. Dies ist ein bewusster und sichtbarer Akt des Käufers. Nun lässt sich das Etikett nur noch mit einem Lesegerät aus der Nähe abtasten, etwa im Laden beim Umtausch, aber nicht mehr en passant – ein schönes Beispiel zur Balance zwischen Nutzung der Daten und Datenschutz.

3.2   Ereignisgetriebene Systeme und Cyberphysik

Typisch für die Welt der Sensorik ist die Verbindung von Anwendungen mit der physikalischen Welt, hier gemeint inklusive mit Menschen (z.B. als Mitarbeiter im Unternehmen, Privatperson oder Patient) und Tieren. Neu ist die Einbeziehung von mobilen Objekten wie Autos, mobilen Computern und insbesondere wieder Menschen und Tieren. Sensoren wie GPS, aber auch indirekte Informationen von der Zelle des Kommunikationsnetzes, die das mobile Telefon gerade für die Verbindung verwendet, liefern die Ortsinformation. Ein besonders mächtiger (oder gefährlicher?) Sensor ist die digitale Videokamera mit intelligenter Software (Computer Vision), die recht gut „versteht", was Menschen auf einem Flughafen oder Autos auf dem Parkplatz oder Chirurgen im geöffneten Unterleib des Patienten gerade tun.

Von der Seite der Informatik kommen flächendeckende Softwaresysteme hinzu, die kontrolliert und intelligent die Sensordaten verarbeiten. Diese „ereignisgetriebene Informatik" mit „aktiven Systemen" (Event Driven Systems) gab es bisher nur in Ansätzen oder in ganz speziellen Fällen, etwa in den Anlagen einer chemischen Fabrik. Klassisch waren die Informationssysteme mit Sensoren noch im Wesentlichen eindimensional – d.h. Systeme an einzelnen Leitungen. Jetzt entstehen de facto zweidimensionale Systeme, die die Flächen bedecken. Dazu kommen (drahtlos verbundene) Sensoren für viele Anwendungen, und es entstehen skalierbare Systeme mit Millionen von Kunden oder Diabeteskranken oder Autos oder einfach Bürgern.

Dies bedeutet eine Überlagerung der realen Welt mit den verschiedensten digitalen Verstärkungen („Augmented Reality"). Je nach Anwendung, d.h. je nach der Rolle und dem Zusammenhang mit der realen Welt, befindet man sich in einer anderen überlagerten digitalen Welt mit spezifischen Sensoren und kontextabhängiger Anwendung. Hier einige Beispiele:

- Bei PKWs und Lastwagen Anwendungen im Zusammenhang mit der Versicherung und mit Strassengebühren als „Pay-as-you-drive"-Tarifen, für die Optimierung der Fahrten von Speditionsflotten oder die kollektive Überwachung der Motorendaten einer Modellreihe zur Früherkennung von Problemen.

- In der Stadtumgebung Anwendungen für den Touristen, der historische Information über Bauten erhält, vor denen er oder sie eben steht, für den Kauf- oder Mietinteressenten, der entsprechend die Immobilieninformation erhält, oder für den Bauingenieur, der die unterirdischen Kanäle und Stromleitungen durch den Computer sichtbar gemacht bekommt.

- In einer Industrieanlage oder einem Flughafen werden Schlüsse gezogen über die aktuelle Sicherheitslage. So wird etwa ein Alarm ausgelöst, wenn eine Handlung „ungewöhnlich" ist, z.B. wenn ein unidentifizierbares Objekt zurückgelassen wird.

Die Abbildung 3-4 skizziert das Prinzip: Stochastische Daten werden analysiert, Muster erkannt und nach Regeln mit mehr oder weniger Intelligenz verarbeitet. Das Autorenwerkzeug dient zur Erstellung und Verteilung der verwendeten Regeln, die eigentliche Arbeit der Erkennung einer besonderen Situation und der entsprechenden Reaktion (in der Echtzeit oder „Runtime") leistet der Event Manager.

Dazu wird auch Lernen aus der Erfahrung gehören: Wenn Autos üblicherweise eine bestimmte Fahrbahn auf dem Parkplatz benützen, dann erkennt das System den Grad der „Normalität" einer bestimmten Fahrt und umgekehrt ein ungewöhnliches Verhalten, das dann zum Alarm führt.

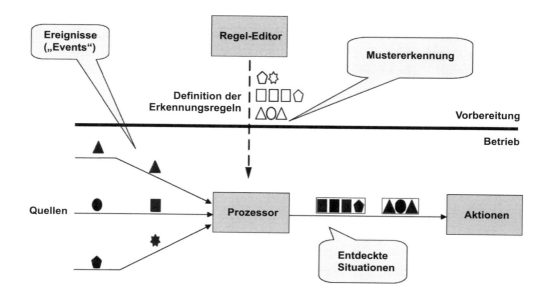

*Abbildung 3-4:   Das Prinzip aktiver Software: ereignisgetriebene Systeme (Event Driven
Systems, Originalgrafik von IBM Haifa, 2007).*

Damit ergibt sich für Gesellschaft, Umwelt und Unternehmen die zentrale Datenschutzaufgabe, diese Regeln in den Softwaresystemen zu verteilen, zu steuern und ihr
Vorhandensein und ihre Einhaltung zu kontrollieren: Hier liegt der zukünftige Datenschutz. Wieder entsteht neue Software, ja eine ganz neue Softwareschicht: Diese Software kann entweder den „Grossen Bruder" perfekt realisieren oder die Einhaltung der
Datenschutzregeln selbst überwachen und „die Kontrolleure kontrollieren".

Ein anderes Modell, eher beobachtend, ist die Betrachtungsweise als Informationsstrom, der, ohne angehalten zu werden, laufend analysiert wird. IBM hat das „System
S" als solch einen „strömenden" Analysator angekündigt. Klassisch waren Transaktionssysteme die grössten Softwaresysteme: Per Definition wird ein Transaktionsauftrag erhalten, und die Welt steht effektiv still, bis der Auftrag erfolgreich ausgeführt
ist (oder alle Einflüsse der Transaktion werden bei Problemen wieder getilgt). Die
kommenden Systeme – ereignisgetriebene Verarbeitung oder strömende Analyse –
sind hier wesentlich vielschichtiger und komplexer!

Ein Hinweis: Hier denkt man natürlich sofort an den „Grossen Bruder" im Sinne von
„1984" von George Orwell. Aber Pervasive Computing würde auch die basisdemokra-

tische „Peer-to-Peer"-Lösung der totalen Kontrolle ermöglichen – jeder überwacht jeden, das sogenannte partizipatorische Panoptikum oder die „Sousveillance" als invertierendes Wortspiel zur Surveillance, der Überwachung von oben.

Neben dem Wachstum der Ereignissysteme sind hier zwei weitere Trends zu erwähnen, die über die reine Analyse und eine einfache Reaktion hinausgehen:

- Anpassung und Lernfähigkeit: Verstehen des Zusammenhangs einer Situation (Context Awareness) und Lernen aus erfolgten Reaktionen,

- Vorhersage und Vorbereitung der nächsten Reaktionen.

Bei einem Industrieprodukt, etwa einem Fahrstuhl, oder einem Menschen, etwa einem Diabetespatienten, kommt man damit zur vorausschauenden Wartung oder zur präventiven Behandlung. Sowohl komplexe Produkte als auch der Mensch sind für diese IT-Bereiche gemeinsame Anwendungsgebiete mit prinzipiell ähnlichen Aufgabenstellungen. Dies gilt z.B. für Frühwarntechniken (Early Warnings), die in der Autoindustrie vor systematischen Design-Fehlern und in der Medizin vor entstehenden Epidemien warnen sollen. Ein Unterschied ist die Behandlung der schwierigsten Probleme bei den „Produkten": Beim Automobilbau ist die letzte Instanz zur Klärung von Problemen (der sogenannte „Last Level Support") der Entwicklungsingenieur, der für diese Autofunktion verantwortlich zeichnet – er oder sie kann gefragt werden. Hingegen ist die letzte Instanz in der Medizin und der Konstrukteur des Menschen für die Analyse nicht unmittelbar zugänglich …

Die Intelligenz der eingesetzten Software zum Verstehen der Situation und des Ereignisses kann möglicherweise nur aus einfachen Regeln bestehen – etwa der Anleitung zur Steuerung der Elektrik eines Hauses –, aber sie kann auch (und wird!) das gesamte akkumulierte Wissen für alle vergleichbaren Objekte umfassen, sei es von allen Patienten mit gleicher Krankheit und ähnlicher Behandlung oder von allen Autos einer Modellreihe. Die Reaktion des Systems kann dann die optimale Bayes-Netzwerkentscheidung werden, d.h. die rational bestmögliche Systemreaktion zu einem Zeitpunkt und bei einer Situation – etwa die Fortsetzung einer Therapie für den Patienten – aufgrund aller vorhandenen Erfahrungen mit gleichartigen Krankheitsbildern und Krankheitsentwicklungen.

3.2.1 Elektrosmog – elektromagnetische Strahlung in der Welt des Pervasive Computing

Drahtlose Kommunikation ist die Form der Kommunikation für mobile Objekte, vom zellulären Telefon (dem „Handy") bis zu Kleinstsensoren. Bei einigen Technologien, wie passiven RFIDs – Radioetiketten ohne Batterie – oder Sensoren in der Fabrik, erhalten diese Elemente sogar ihre benötigte Energie als Radiowellen: Beide Trends, drahtlose Kommunikation und drahtlose Energieübertragung, nehmen weiter zu. Bei passiven RFIDs passiert die Radioetikette (eventuell mit dem menschlichen Träger) ein Tor mit dem Lesegerät, das beständig Radioimpulse aussendet. Die Antenne empfängt damit elektromagnetische Energie für den Chip, der Chip führt einen kurzen Dialog über die Antenne mit dem Lesegerät. Neben RFIDs (und ähnlichen Elementen wie berührungslosen Smartcards und drahtlosen lokalen Netzen, WLANs) sind es vor allem die geliebten mobilen Telefone, die elektromagnetische Strahlung benötigen. Deshalb die Beunruhigung und die häufige Frage: Was ist mit Elektrosmog?

Die Technik bestimmt die Verteilung der ausgesandten Leistung über die Frequenzen der Verfahren; direkt zur biologischen Wirkung – ausser der bekannten Umwandlung von Radiostrahlung in Wärme – kann von der Seite der Informatik und der Physik nichts ausgesagt werden. Aber drei persönliche Bemerkungen zum Elektrosmog:

- Wir – die Menschheit – kennen elektromagnetische Strahlung theoretisch seit den genialen Arbeiten von James Clerk Maxwell 1864 und praktisch seit den Experimenten von Heinrich Hertz von 1884. Ausgesetzt sind Menschen den Radiowellen seit etwa 1890: Guglielmo Marconi, der Inhaber des ersten Radiopatents, experimentierte 1895 in einem Tal in Salvan im Wallis (Schweiz) erfolgreich mit Radiowellen. In der Nähe der klassischen Radiosender auf Mittelwelle oder Langwelle – es gab Langwellensender mit bis zu 2000 kW Sendeleistung – herrschen und vor allem herrschten solch grosse Feldstärken, dass man sogar Lämpchen betreiben oder „im verrussten Kamin die Musik" des Radioprogramms mithören konnte. Derartige Erfahrungen gibt es wohl immer weniger.

  Interessanterweise gibt es eine moderne nanotechnische Version des verrussten Kamins als Radio: Es ist möglich, einzelne Kohlenstoffnanoröhrchen als Antenne (und Radio) zu benützen (Jensen et al., 2007). Diese Anordnung benötigt keine hohe Sendeleistung. Die Winzigkeit dieses „Radios" könnte in fernerer Zukunft den drahtlosen Anschluss auch kleinster Objekte erlauben.

- Die Übertragung der Energie zu grösseren elektronischen Geräten, etwa zu Notebooks und PCs mit typischerweise 30 bis 100 Watt Energiebedarf, erfolgt heute noch mit Kabeln – aber wer hat sich nicht schon über den Kabelsalat geärgert? Die elektromagnetische Übertragung von Energie war schon vor mehr als hundert Jahren der Gegenstand von Experimenten von Nikola Tesla. Gesucht wird ein Verfahren, das folgenden Nebenbedingungen genügt:

  o   Hoher Wirkungsgrad (geringe Verluste),

  o   geringe biologische Wechselwirkung.

Ein moderner vielversprechender Ansatz ist die Technologie „Witricity" vom MIT (als Kofferwort aus Wireless Electricity). Die minimale biologische Wirkung der Übertragung soll dabei durch eine magnetische Resonanz zwischen Energiesender und Empfänger erreicht werden (Karalis et al., 2007), die andere (nichtresonante) Objekte unberührt lässt.

- Die Skala der in der IT verwendeten elektromagnetischen Strahlung reicht über viele Zehnerpotenzen (oder mehr als zwei Dutzend Oktaven), von 50 Hz bis zu vielen Gigahertz. Dies bedeutet für all diese spektralen Bereiche recht verschiedenes Verhalten, von Oktave zu Oktave, nur eines ist gemeinsam: Letztlich entsteht Wärme. Natürlich ist auch sichtbares Licht elektromagnetische Strahlung: Ein rotes Minilämpchen an der Decke mit flackernden 100 mW sendet 400 Terahertz Strahlung aus, auch dies klingt furchterregend – und doch hätte niemand Angst.

- Ein halbwegs freundlicher technologischer Ausblick: Der technische Fortschritt bringt weitere zelluläre Systeme, die nur ganz kleine Distanzen überwinden müssen und damit immer kleinere Sendeleistungen benötigen. Dazu kommen durch das Moore'sche Gesetz und durch verbesserte Elektronik (vgl. das erwähnte Nanoradio) immer empfindlichere, schnellere und intelligentere Schaltungen. Trotz der vielen Milliarden von drahtlosen Geräten und Kleinstgeräten muss die kumulierte Strahlenbelastung deshalb nicht anwachsen. Die erwähnte drahtlose Energieübertragung ist hier ein grosses Fragezeichen. Wohl die grösste Belastung ist heute das Senden mit dem mobilen Telefon direkt am Kopf, es sei denn, man benützt eine Zwischenstation und der eigentliche Sender nach aussen ist weiter vom Sendenden entfernt.

3.3 Neue Dienste in Industrie- und Schwellenländern

Ereignisgetriebene Anwendungen, auch in grossem Stil, hat es bisher vor allem im Finanzbereich gegeben – etwa die globale Überwachung des Einsatzes von Millionen von Kreditkarten auf Plausibilität. Jetzt werden Sensoranwendungen in neuen Bereichen möglich, natürlich im Bereich der Sicherheit, aber auch im Bereich der

- Industrie,
- des Gesundheitswesens und
- der Telekommunikation.

In den sich entwickelnden Ländern ist die technische Grundlage für derartige Anwendungen vor allem das mobile Telefon, das sich epidemieartig auch in den ärmsten

Ländern, von Simbabwe bis Bangladesch, und in den reichen Ländern auch in den ärmsten Bevölkerungsteilen ausbreitet. Das mobile Telefon verbindet digitale Technik mit sozialen Triebkräften quer durch die Weltbevölkerung: Es ist ein Grundbedürfnis geworden, gleich nach Nahrung und Wasser. Zurzeit (Ende 2007) existieren etwa 2,5 Milliarden mobile Telefone weltweit – in den nächsten fünf Jahren wird die Zahl auf sieben bis acht Milliarden wachsen.

Auch unentwickelte Länder machen den Sprung in die mobile Vernetzung und überspringen dabei die Stufe der ortsfesten Telefonnetze (der „Leapfrogging-Effekt"): Die Zahl der Festanschlüsse bleibt in den sich entwickelnden Ländern wie Pakistan auf die Oberklasse beschränkt und in etwa konstant, allein die Anzahl der Mobiltelefone wächst exponentiell. Das Fehlen der flächendeckenden klassischen Telekommunikations-Infrastruktur erleichtert, ja erzwingt den Sprung in die mobile Welt.

Wir beobachten eine neue Version der digitalen Weltteilung, des „Digital Divide", oder eine neue Zweiteilung („Bifurcation"): eine technische Zweiteilung auf der Grundlage sozialer Unterschiede. Im Bereich des mobilen Computing trennt sich die Weltbevölkerung in die PC-orientierte Oberklasse, die mit dem PC über den vollen Zugang zum Internet verfügt, und in das andere Extrem der Mobiltelefonklasse, die nur (oder sogar nur im Verbund mit anderen Personen) Zugang zu einem mobilen Telefon hat. Dieser gesellschaftlichen Zweiteilung entspricht der bevorzugte und mögliche digitale Umgang: komplexe Websites und Webanwendungen auf der einen Seite, die Beschränkung auf Sprachkommunikation auf der anderen.

Zwischen diesen extremen Polen spaltet sich der Markt sowohl für den PC wie für das mobile Telefon ebenfalls auf: PCs reichen von Hochleistungs-Spielecomputern hinunter zum 100-$- oder 100-SFR-PC für Entwicklungsländer, mobile Telefone von Prestige-Geräten mit integrierten Hochleistungskameras hinunter zum schlichten 25-$- oder 25-SFR-Mobiltelefon.

Es folgen Beispiele aus der Fülle der vorhandenen oder kommenden Dienste, sowohl in der industrialisierten wie in der sich entwickelnden Welt.

3.3.1   Privater Verkehr und Transportwesen

Der private Individualverkehr war bisher nahezu anonym. Hohes öffentliches und kommerzielles Interesse besteht an der Steuerung und Optimierung des privaten Verkehrs auf Strassen und Autobahnen. Massgeschneiderte und ortsabhängige Gebühren für die Strassenbenützung, drahtlose Bezahlsysteme und die personalisierte Versicherung als „Pay as you drive", die Optimierung der Lastwagenausnützung oder das Management von Fahrzeugflotten bei Speditionen – all dies sind hier Beispiele für sensorbasierte Dienste auf der Grundlage der vom GPS-Sensor gelieferten Ortsinformation. Vielen dieser Dienste ist es gemeinsam, dass neue Information eine detailliertere Betrachtung ermöglicht: Bisher waren der Fahrer, sein Verhalten und seine Fahrtroute weitgehend anonym. Das Verhalten aus Sicht der Behörde oder der Versicherung ist oder war gewissermassen ballistisch – der Verkehrsteilnehmer wird losgelassen auf eine freie Flugbahn, möglicherweise unkontrolliert bis zum „Aufschlag". Die zugehörigen Steuern und Versicherungen wurden entsprechend pauschaliert.

Nun kann technisch nahezu beliebig viel Information gesammelt werden – wenn „man" will – und damit treten anstelle der Pauschalen nun Mikrorisiken und Mikrozahlungen. Im Analogon entspricht dies einem gesteuerten Geschoss mit laufend korrigierter Flugbahn. Alle Anwendungen mit physikalischen Objekten werden drastisch geändert oder könnten geändert werden.

Die Strassengebühr kann (und wird vielleicht) detailliert von Strasse zu Strasse und Stadtviertel zu Stadtviertel berechnet werden, und dazu tageszeitabhängig. Der Bürger könnte diese Verfahren des „Geofencing" als Rückkehr der mittelalterlichen Stadtmauern und kleinstaatlichen Zollschranken empfinden: Geofences sind virtuelle Grenzen, die beim Überschreiten ein Ereignis auslösen, etwa Zollgebühren oder einen Alarm. Für kommerzielle Transportunternehmen sind diese technischen Möglichkeiten die wichtige Grundlage für das effiziente Management der Fahrzeugflotte und ihrer Transporte. Die Abb. 3-5 im Farbbild-Anhang zeigt einen Plan von Kuweit im Zusammenhang mit einem der weltweit ersten grossen Telematik-Projekte für das Erfassen von Strassengebühren: Das System erfasst alle Fahrzeugdaten wie Zoneneintritt, zurückgelegte Entfernungen oder überschrittene Verbote. Mit derartigen Techniken können sowohl Gebühren (und Strafen) automatisiert, aber auch Logistik und Verkehrsströme in Echtzeit optimiert werden.

3.3.2   Präsenzdienste (Presence Services) und umgekehrter Datenschutz (Reversal of Defaults)

Abgesehen von besonderen Lokationen, etwa dem festen Arbeitsplatz im Büro, waren wir als mobile Objekte „ballistisch" unterwegs, d.h. über weite Strecken entkoppelt von „unseren Anwendungen" wie der Arbeit oder dem Arzt.

Dabei tragen wir eine Fülle von Eigenschaften mit uns mit, wie Name, Geschlecht, aktuelle Tätigkeit in diesem Augenblick, Stimmung, Blutdruck usw. – dies sind alles Ansätze für mögliche Anwendungen. Pervasive Computing, insbesondere über das mobile Telefon, macht diese Wolke von persönlichen Eigenschaften zugänglich für persönliche, kontextabhängige Dienste. Diese Menge von Eigenschaften wird im Englischen Presentity genannt.

Es kommen also zusammen:

* persönliche Eigenschaften, z.B. „weiblich" oder „aufgeregt",

* augenblickliche Kondition (Kontext), wie „Meeting mit Abteilung" oder „beschäftigt",

* augenblicklicher Ort, wie „Konferenzraum Hotel XYZ" oder „Zuhause".

Beim mobilen Telefon hat hier die Telefongesellschaft ein grosses Interesse an neuen (zu bezahlenden) Diensten in diesem Umfeld.

Ein triviales Beispiel für einen solchen Präsenzdienst ist etwa das mobile Telefon mit seinen verfügbaren Diensten und seiner Konfiguration in einer bestimmten Präsenzzone, etwa im Kino: Je nach Film, nach dem aktuellen Zeitpunkt (z.B. während des Vorfilms oder beim Hauptfilm oder nach der Veranstaltung) und je nach Person erhält der Besucher eine persönliche Werbe-SMS und/oder sein mobiles Telefon wird automatisch auf „stumm" geschaltet.

Eine technische Problematik haben diese Präsenzdienste mit vielen ereignisgetriebenen Anwendungen gemeinsam: Es gilt aus einem Strom von Daten mit niedrigem Informationsgehalt „die richtigen" herauszufiltern.

Zwei andere Beispiele zeigen die gesellschaftliche Problematik:

Ein Verkaufsleiter mit einem Team von Verkäufern hat sicher grosses Interesse, den Status seiner Leute in jedem (oder nahezu jedem) Moment zu kennen und z.B. auf dem Stadt- oder dem Gebäudeplan ihre elektronische Visitenkarte zu sehen, gemeinsam mit der aktuellen Information zum gerade besuchten Kunden und zum möglichen Auftrag und dem Geschäftsvorgang. Oder ein Sensor im Auto erkennt den Alkoholstatus des Fahrers und liefert diese Information als Präsenzdienst ans Auto (das dann eventuell nicht mehr startet!) oder an die Behörde.

Für viele dieser Präsenzanwendungen ist damit der Datenschutz ganz zentral: Die Datensammlung selbst kann ja (und wird in vielen Fällen) flächendeckend, umfangreich und unsichtbar sein. Nach einem Kommentar des Kryptologen Ron Rivest ist damit die Grundaufgabe, die Privatsphäre zu kontrollieren, auf den Kopf gestellt worden:

* Was früher privat war (und schwer zu verbreiten), ist jetzt de facto öffentlich (und die Verbreitung muss kontrolliert mit Datenschutz-Technologie beschränkt werden),

* was früher leicht vergessen wurde, wird heute eventuell für immer gespeichert (und sicheres Löschen ist nicht möglich).

Im Internet liegt eine verwandte Situation vor – jede Aktion im Internet ist ja auch eine Handlung mit Sensoren, die hier allerdings nicht physikalisch vorhanden sind, sondern auf der Informationsebene: Jeder Benutzer erzeugt beim Surfen eine unkontrollierte oder wenigstens schwer zu kontrollierende Wolke von Daten, die ihn oder sie im Internet als Datenspur begleitet. Dies gilt erst recht für Personen, zu denen Dokumente im Internet angelegt sind.

Dieses Prinzip von Rivest von der Umkehrung der Ausgangssituation („Reversal of Defaults") in einer Welt, die geprägt ist von Sensoren überall, wird eine erhebliche Ausweitung der Datenschutztechnologien erfordern. Ein Beispiel sind neue Deidentifikationtechnologien, die aus einer Datenmenge alle persönlichen Daten entfernen, aber die für die Anwendung wesentlichen Informationen und die internen Beziehungen bewahren. Medizinische Daten von Patienten werden etwa mathematisch so verändert, dass die Gesamtmenge an Daten sogar inklusive statistischer Streuungen oder Korrelationen erhalten bleibt, aber keine Rückschlüsse auf ein Individuum erlaubt (es sei denn, man hat einen „Grossauditor" eingebaut, der alle Regeln überwinden kann).

Im Finanzbereich werden Transaktionsdaten derart deidentifiziert, dass das Finanzinstitut trotz der Anonymität noch immer nachweisen kann, dass alle Regeln und Vorschriften durch das Finanzinstitut eingehalten werden.

3.3.3 Lifelogging als ultimativer Präsenzdienst

Ein archetypischer menschlicher Wunsch ist die Aufzeichnung der Datenwolke (der „Cloud"), die unser gesamtes Leben begleitet. Noch sieht man dieses Lifelogging mehr als technische Herausforderung oder als Wunschvorstellung, weniger als Gefahr. Verschiedenste Entwicklungsrichtungen führen zur Speicherung von mehr und mehr Daten über ein Leben, seine Ereignisse und Aktivitäten oder zu Forschungsprojekten wie z.B.:

- das unbegrenzte Fotoalbum und die persönliche Audio- und Videobibliothek des gesamten Lebens – in der Consumer- und Medienindustrie,

- das medizinische Logbuch eines Lebens, insbesondere mit kontinuierlich aufgezeichneten medizinischen Sensordaten – in der Medizin,

- das Erlebnis-Logbuch mit Videoaufzeichnungen eines Soldaten im Einsatz.

Das in der Zwischenzeit wieder eingestellte militärische Forschungsprojekt Lifelog der DARPA-Forschungsinstitution in den USA hat den Begriff der universellen Lebensaufzeichnung weltweit popularisiert.

Die Entwicklung der Speichertechnologie – damit letztlich das Moore'sche Gesetz – hat den Hardwareteil der Aufgabe und insbesondere die Kostenfrage nahezu gelöst: Eine

Abschätzung des Speicherbedarfs ergibt (O'Hara, 2006) für insgesamt 70 Jahre Audio-
und Videoaufzeichnung (mit bescheidener Auflösung allerdings) gerade 27.5 Terabytes
für ein Leben, entsprechend derzeit etwa 20 € Hardwareanschaffung pro Monat. Allerdings ist ein drastischer Bedarfsanstieg jenseits der einzelnen und isolierten Videoaufzeichnung vorstellbar, nämlich wenn auch Seitenszenen, verknüpfte Bilder und refe-
rierte Dokumente in das persönliche Archiv wandern. Dann erreicht man doch schnell
Petabytes pro Menschenleben.

Es bleiben die Herausforderungen an die Informatik, mit diesen grossen heterogenen
Mengen von strukturierten Daten (in regulären Datenbanken) und vor allem von unstrukturierten Daten wie Videoszenen sinnvoll umzugehen und daraus sinnvolle Zu-
sammenhänge herzuleiten. Eine Videodatei zu verstehen hiesse z.B. eine Geschichte
im Videostrom zu isolieren und eine Lehre – wie in einer Fabel – herauszufiltern oder
umgekehrt eine solche Lehre vorzugeben wie „Wenn zwei sich streiten, freut sich der
Dritte" und nach solchen Erlebnissen im Lebensspeicher zu suchen. Derartige „Story-
telling"-Aufgaben der künstlichen Intelligenz haben sich als schwieriger herausgestellt
als erwartet.

Das Lifelog-Konzept wird zunächst vor allem auf der technischen Ebene eingesetzt für
technische Objekte von hinreichendem Wert, etwa für Flugzeuge und Autos, für Fahrstühle oder Kraftwerke. Der Hauptzweck ist nicht sehr spektakulär – es ist häufig die
umfassende Qualitätskontrolle dieser Systeme und die Vorhersage und Vermeidung
von Problemen.

3.3.4   Mobile Dienste an der Basis

In der industrialisierten Welt ist das mobile Telefon (das „Handy") vor allem für junge
Leute der zentrale Computer für mobile persönliche Dienste. Eine wesentliche nicht-
triviale Funktion für das Handy ist die bewusste digitale Verknüpfung des Telefon-
besitzers mit einem Objekt seiner (oder ihrer) Wahl, etwa zum Kauf eines Videos oder
eines Musikstücks oder zur Information über ein Objekt vor dem Kauf oder zur Bezah-
lung. Diese Anwendung wird als physikalischer Hyperlink bezeichnet und verbindet
direkt die physikalische Objektwelt mit dem Internet. Das Programm springt nicht nur
wie sonst im Internet beim Hyperlink von Dokument zu Dokument, sondern hier über
das Objekt zu seiner Beschreibung und zur entsprechenden Aktion.

Hierzu zwei Beispiele mit verschiedenen Telefonfunktionen, zum einen Videokamera
und Strichcode, zum anderen die sogenannte NFC-Schnittstelle (Near Field Communication).

Verfügen mobile Telefone über eine Videokamera (Nokia soll bereits das weltweit
grösste Kameraunternehmen sein!), so bietet sich als Verbindung zu einem physika-

lischen Objekt ein zweidimensionaler Strichcode an, etwa der in Japan übliche, einfach lesbare QR-Code („Quick Response Code"). Das gedruckte Muster des QR-Codes kann etwa 4000 Zeichen speichern, es kann sichtbar auf der Zeitungsseite abgedruckt sein oder auch unsichtbar für das menschliche Auge mit unsichtbarer Druckfarbe geschrieben sein. Der Computer des mobilen Telefons erkennt die Information, etwa die Adresse (URL) der Homepage des Objekts in der Werbung, und stellt automatisch die Verbindung her – und das Telefon empfängt z.B. den neuesten Song.

Image:Qr code-Main Page en.svg

From Wikipedia, the free encyclopedia

Image   File history

Welcome to Wikipedia, the free encyclopedia that anyone can edit.

Qr_code-Main_Page_en.svg (SVG file, nominally 888 × 373 pixels, file size: 99 KB)

Abbildung 3-6: *Zweidimensionaler Strichcode: Dekodieren des aufgenommenen Codes leitet das mobile Telefon direkt zur Zielinformation – ein physikalischer Hyperlink (Quelle: Wikipedia-Seite zum QR-Code vom 29. 2. 2008).*

Andere Hyperlink-Lösungen verwenden eine Erweiterung der erwähnten RFID-Technologie für das Lesen mit dem mobilen Telefon: Hierfür muss das zu erkennende Objekt einen Chip integriert haben, im eben erwähnten Beispiel etwa in der Zeitungsseite. Das Telefon wird nahe an das Objekt herangebracht und die Verbindung zum Objekt, d.h. zur zugehörigen Homepage im Internet, hergestellt.

In den Schwellenländern wird das mobile Telefon ohne teure Zusatzfunktionen zum wesentlichen Computer, und es ermöglicht neue Dienste, neue Geschäftsmöglichkeiten und soziale Veränderung: Grundlage ist vor allem die Sprache einschliesslich der synthetischen Sprachwiedergabe und der automatischen Spracherkennung, vor allem auf dem Server des Netzes.

Die mobile Kommunikation ist wohl die wichtigste Grundlage für Innovation an der Basis der globalen Einkommenspyramide nach Coimbatore Prahalad, d.h. für die ärmsten globalen Bevölkerungsschichten.

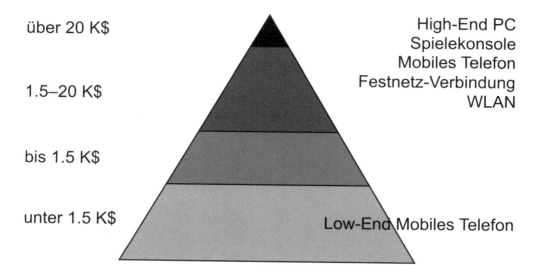

über 20 K$ — High-End PC / Spielekonsole / Mobiles Telefon / Festnetz-Verbindung / WLAN

1.5–20 K$

bis 1.5 K$

unter 1.5 K$ — Low-End Mobiles Telefon

Abbildung 3-7: Die globale Einkommenspyramide (jährliche Kaufkraft in $) und die IT: An der Spitze stehen High-End-PC, Spielekonsolen und High-End-Mobiltelefone, an der Basis das Low-Cost-Mobiltelefon. Pyramide und Kaufkraftparitäten nach Coimbatore K. Prahalad und Stuart L. Hart (2002/2006).

Der Bericht „The Mobile Development Report" (Aditya Sood, 2006) analysiert die Verhältnisse vor allem für Indien (Abb. 3-7): Etwa 65 % der Weltpopulation verdienen weniger als 2500 $, andererseits besitzen etwa 20 % der Inder ein mobiles Telefon, und etwa 75 % der Bewohner des Subkontinents werden bis Ende 2008 in mobil abgedeckten Regionen wohnen.

Zwei Beispiele aus dem indischen IBM-Labor Delhi zeigen den Trend zu IT mit dem mobilen Telefon „at the base of the pyramid" der Einkommen: zunächst eine geschäftliche Lösung für Privatleute und Kleinunternehmen und dann einen prinzipiellen Ansatz für eine neue IT-Infrastruktur.

Der „Businessfinder" verbindet die Ortsinformation von statischen Lokationen (wie Restaurants und Tankstellen) und mobilen Personen (wie Taxis oder Ärzte oder Handwerker) mit Erfahrungen von anderen Kunden. Die Anwendung organisiert einen kleinen Markt und verbindet Anfragen etwa nach dem Arzt oder einem Handwerker zu einer optimalen Lösung für den mobilen Arzt wie für den mobilen Handwerker.

Grundlegender ist der Ansatz des „World Wide Telecom Webs", der Vorschlag, das Web mit moderner Technologie so weit wie möglich auf die mobile Telefonie (an Stelle des PCs) zu übertragen. Das Konzept überträgt die Komponenten aus dem „normalen" Web mit PC und mit Textein- und ausgabe auf die Ebene der Sprache und das mobile Telefonnetz.

	World Wide Web	World Wide Telecom Web (Vorschlag)
Infrastruktur	Internet	Mobiles Telefonnetz
Knoten	Website	Sprach-Site
Erstellung	Homepage-Editor	Sprachlicher Editor
Browser	Web Browser	Sprach-Browser mit Sprachausgabe und Spracheingabe inkl. Erkennung
Verknüpfung	Dokument-Hyperlink	Sprach-Hyperlink
Suchfunktion	Textsuche	Audio- und Textsuche

Tabelle 3:   *Die Idee des allgegenwärtigen Webs mit mobilen Telefonen.*
                 Nach Arun Kumar, IBM Indien, 2007.

Anstelle der verknüpften Dokumente (das ist ja das Web im Wesentlichen) würden oder werden Sprachinhalte verknüpft, die zum Teil auch eigene Telefonnummern erhalten. Durch die Integration von modernen Netzfunktionen wie Ortsangaben und lokaler Präsenz, leichten Arbeitsanweisungen, Benutzer-Identifikation und Bezahlungssystem kann (oder wird) so ein hochmodernes globales IT-System für die Länder entstehen, die eine geringe PC-Dichte haben (wie z.B. Indien und Schwarzafrika) oder prinzipiell das mobile Telefon vorziehen – und dies sind grosse Bevölkerungskreise in allen Ländern. In der Tat ist der Umgang mit dem PC anspruchsvoll und eher abstrakt und intellektuell, das mobile Telefon dagegen ist ein soziales und menschliches Gerät. Die grosse Herausforderung ist es insofern, den sprachlichen Zugang natürlich und einfach zu gestalten – bisherige Erfahrungen etwa mit automatisierten Callcentersystemen in der industrialisierten Welt waren nicht sehr erfolgreich. Eine erfolgreiche derartige Innovation aus den Schwellenländern würde überall Gesellschaft und Wirtschaft verändern.

3.4   Grüne IT (II)

Umwelttechnologie und sparsamer Umgang mit Ressourcen ganz allgemein sind ein immer wichtiger werdender Bereich der IT. Diese Art von IT zeichnet sich technisch durch die Anforderung nach rascher Reaktion aus (in Echtzeit oder nahe an der Echtzeit). Für Steuerung und Optimierung sind Sensorik, Ereignis-Software und Steuerelemente (Aktuatoren) die Grundlage – diese Technologien liegen voll im technischen Trend.

Dazu treiben sowohl gesellschaftliche als auch kaufmännische Gesichtspunkte in Richtung Nachhaltigkeit:

- Viele Ressourcen sind merklich teurer geworden, insbesondere Energie in verschiedenen Formen z.B. als elektrische Energie, Gas und Erdöl.

- Sparsamer Ressourcen-Verbrauch reduziert die Entsorgungskosten.

- Immer mehr Unternehmen wollen „gute Weltbürger" (und „caring capitalists") sein – und dies geht unmittelbar in die Firmenstrategie ein.

- Die nationalen oder globalen Gesetzgeber erzwingen Nachhaltigkeit mit Hilfe von Vorschriften.

Im ersten Kapitel zu „grüner IT" haben wir vor allem die „eigene" Umweltaufgabe der IT, die Reduktion von Strom- und Kühlungsbedarf in Rechenzentren, betrachtet. Auch hier können Sensornetze helfen, um die Architektur für effiziente Kühlung zu optimieren oder gar dynamisch umzukonfigurieren.

Grüne IT betrifft all die Bereiche der Umwelt und des Energiehaushalts, die IT brauchen und mit IT verbessert werden können. Die Aufgaben reichen von der Optimierung des Energieverbrauchs der Grossverbraucher wie Aluminium-, Glas-, Stahl- und Zementindustrie bis zum „Smart Home", dem intelligenten und dadurch energiesparenden Privatgebäude. Dazu kommen Wasserwirtschaft, Kohlendioxid-Handel und Land- und Forstwirtschaft: In Forschungsprojekten werden bereits Wälder, Weiden und Gletscher zu IT-Systemen.

Die grössten IT-Netzwerkprojekte kommen zunächst auf die Grundversorger Strom, Gas und Wasser zu: Für die Erzeugung, Verteilung und Verwendung von Energie und Wasser entstehen neue, flächendeckende Steuersysteme in grösstem Stil. Umweltprojekte haben das Potenzial, noch weitaus umfassender zu werden als die aktuellen RFID-Logistiksysteme für den Handel und die Produktion, die ebenfalls im Entstehen begriffen sind.

Bisher verwenden diese Industrien erst rudimentär Informationstechnologie für ihre Netze und Verbraucher, im Wesentlichen für die Buchhaltung und die Arbeitsorganisation, etwa den technischen Aussendienst und die Verwaltung der Netze. Bei der Stromwirtschaft kommen die neuen schwierigen Aufgaben durch verteilte und stochastische Stromerzeugung mit Wind und Sonne dazu und durch den Wunsch, das Gesamtsystem – vom Wetter bis zu den Märkten – zu erfassen, zu planen und interaktiv optimal zu steuern. Dies wird für die informationstechnische Seite dieser Systeme eine neue Dimension bedeuten.

Die entstehende flächendeckende Verbindung der Geschäftssysteme der Energiewirtschaft (SCADA genannt, Supervisory Control and Data Acquisition) mit den physikalischen Netzen erzeugt in den nächsten Jahren mit die komplexesten Systeme der realen Welt. Solche kombinierten Sensor-Internet-Anwendungen (englisch Cyber Physical Business Applications) sind dabei unabdingbar für die Wirtschaftlichkeit und die Nachhaltigkeit in ihren Bereichen.

Eine wichtige Grundlage für die interaktive Einbeziehung der Energieverbraucher sind „intelligente Gebäude", insbesondere das „intelligente Privathaus" oder Smart Home. Intelligente Gebäude umfassen noch weitere, wiederum sensorbasierte Anwendungen wie

- Sicherheitsdienste (Feuer, Einbruch, Diebstahl),
- verbesserten Kundenservice durch exakte Kostenzuordnung und bessere Wartung,
- leichtere Inventur, auch von beweglichen Objekten,
- Einbeziehung der IT-Netze einschliesslich der Telefonie

zusätzlich zum integralen Energiemanagement – in diesem Sinne sind Gebäude eine Umwelt im Kleinen. Die hochtechnisierten Umgebungen wie Flughäfen, Firmenzentralen, Einkaufszentren, Krankenhäuser, Techno- und Vergnügungsparks sind die Vorläufer dieser kommerziell geprägten Umweltanwendungen des „Facility-Managements" – hier lohnt sich der IT-Aufwand seit langem.

Ein zentrales Element für die Einbeziehung der Masse der Verbraucher ist der intelligente Zähler mit dem automatischen Metermanagement (AMM).

Der intelligente Zähler erlaubt nicht nur das quasikontinuierliche Messen des aktuellen Verbrauchs, sondern auch

- die Identifikation von Energieverlusten (technische Energieverluste sowie nichttechnische Verluste, d.h. Stromdiebstahl),

- ferngesteuerte Aktivierung und Deaktivierung des Anschlusses,

- das Setzen von Verbrauchsgrenzen oder ganzen Verbrauchsprofilen,

- das Setzen von kundenspezifischen Tarifmodellen,

- Prepaidlösungen im Zähler und als Kontenmodell.

Die Sensor/Aktuator-Technologie erlaubt damit sowohl technisch wie kaufmännisch eine Vielzahl neuer Möglichkeiten – trotzdem verläuft die Einführung dieser IT-Technologie sehr schleppend. Mehrere Workshops des Autors mit europäischen und japanischen Unternehmen schon im Jahr 2000 brachten nur Pilotstudien hervor.

Gründe für den zögernden Einsatz sind etwa

- die hohen Investitionskosten und dadurch die langen Lebensdauern von Technologien in Versorgungsnetzen,

- die schwierige Akzeptanz von Kundenseite, die neuen Funktionen zu verwenden oder verwenden zu lassen.

Es geht bei vielen technisch möglichen Sensoranwendungen genau um diese Aspekte: den kaufmännischen Aspekt (im Jargon der „Business Case") und den sozialen (die Akzeptanz). Die technische Lösbarkeit als dritter (nichttrivialer) Aspekt ist heute in den meisten Fällen nicht das Hauptproblem. Die Datenkommunikation kann beim Stromnetz z.B. vom Endverbraucher zur ersten Transformatorenstation über die Stromleitung selbst erfolgen (Power Line Communication, PLC).

Hier zwei mögliche – wenn auch nicht nur erfreuliche – „Business Cases" für intelligente Zählernetze:

- Nichttechnische Verluste erzwingen eine bessere Kontrolle der Energieverteilung – dies hat z.B. in Italien zu einer flächendeckenden Lösung geführt, bei der digitale Stromzähler allgemein installiert wurden,

- schwierige Kundengruppen (d.h. nichtzahlende Abnehmer) oder Mangelsituationen (vor allem in Schwellenländern wie z.B. Argentinien oder China) erfordern eine individuelle Beschränkung der Leistungsabgabe des Versorgers oder sogar gezielte grössere Rationierungen, sog. „Brown-outs".

Neben derartigen „harten" Gründen ist es vor allem die Möglichkeit, das System der Energieerzeugung und des Energieverbrauchs insgesamt zu optimieren, das zwangsläufig zu intelligenten Zählern führen wird.

Das Gesamtsystem erfordert die Einbeziehung von immer mehr Faktoren aus Natur, Technik und Wirtschaft in den Optimierungsprozess. Viele dieser Freiheitsgrade sind stochastisch, d.h. sind keine einfachen konstanten Einflussparameter, z.B.:

- das Wetter als Einflussfaktor für Heizung oder Kühlung,

- die Marktpreise für Energie,

- das Verhalten der Verbraucher,

insbesondere durch die neuen Energieformen Wind und Photovoltaik:

- das Wetter mit Windaufkommen und effektiver Sonneneinstrahlung.

Gerade die klima- und wetterabhängigen Energieformen haben noch eine weitere komplizierende Eigenschaft: Sie liefern in vielen Fällen verteilt aus kleinen variablen Einheiten und wirken (erst durch die IT) als ein grosses virtuelles Kombikraftwerk. Von IT-Seite her ergeben sich grosse holistische Optimierungsaufgaben. Abbildung 3-8 im Bildanhang zeigt die graphische Bedieneroberfläche für ein solches „Windenergie-Management-System" mit einer Windkarte und den aktuellen verteilten Leistungen der Windmaschinen. Kernpunkt für den Betrieb des Netzes als virtuelles Kraftwerk ist die erfolgreiche Vorhersage der zu erwartenden Energieeinspeisungen. Das Prognosemodell erfasst die langfristige und kurzfristige Wettervorhersage zusammen mit der aktuellen Leistungssituation der Stationen: Neben dem Forecasting (z.B. für die nächsten 24 Stunden) ist auch das „Nearcasting" noch wirtschaftlich wertvoll, z.B. der verbesserte Erwartungswert in vier Stunden oder auch nur in einer Stunde – damit können Erzeuger noch umorientiert werden oder Märkte verlagert. Das System erreicht für die Vorhersage des Folgetags 94 % Genauigkeit, für die nächsten vier Stunden sogar 96 %.

Trends in derartigen sensorbasierten Systemen sind die Skalierung auf immer grössere Anzahlen von teilnehmenden Knoten und die Einbeziehung von immer weiteren Klassen von Komponenten – im Grenzfall eine nachhaltige Welt als Ganzes. Zu den eigentlichen Ressourcennetzen wie hier dem elektrischen Leistungsnetz kommen IT-Ebenen mit Analytik, Mathematik, Geschäftsregeln und politischen Leitlinien.

Noch weitere Möglichkeiten der Vernetzung, von Rückkopplungen, stochastischen und nichtdeterministischen Einflüssen zeigt das kleine Pilotprojekt Pacific Northwest GridWise in USA (Abbildung 3-9, Ron Ambrosio, 2006).

Dieses GridWise-Projekt schliesst nicht nur den (verteilten) Erzeugermarkt, sondern auch den Verbrauchermarkt mit ein. Von Erzeugerseite nehmen an dieser Pilotstudie verschiedene Erzeuger und Energiespeicher teil, die Verbraucherseite besteht aus 150 Haushalten, die jeweils ihre kaufmännischen Präferenzen und ihren Bedarf angeben können. Dies geschieht in Form eines Tagesprofils oder als Kennlinie des Kaufpreises für Energie als Funktion der Temperatur im Haus. Damit ergibt sich eine neue Markt-dimension: Nicht allein die Erzeuger und Stromunternehmen gehen an den Markt, sondern alle fünf Minuten wird der gesamte Markt, einschliesslich der Angebote und Anforderungen aller privaten Hausheizungen und Waschmaschinen, durchgerechnet und aufgelöst.

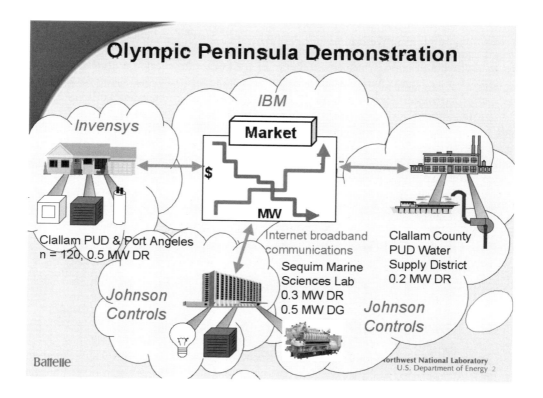

Abbildung 3-9: Gemeinsame Optimierung der verteilten Stromerzeugung und des verteilten Stromverbrauchs: Das Pilotprojekt in USA ist GridWise – ein Markt im Kleinen für Stromverbrauch und Stromerzeugung (GridWise, USA).

Technisch wird dadurch die gesamte Stromerzeugung und Verteilung optimiert und es werden (teure) Extreme in der Erzeugung vermieden. Dies ist kein Kraftwerk mehr, sondern ein System: Es wird nicht nur eine Seite optimiert, sondern im Prinzip ein Gesamtsystem.

Eine Triebkraft für entsprechende Sensorlösungen für die Wasserversorgung ist die bessere Ausnutzung der Ressource Wasser, insbesondere die Vermeidung von Verlusten in den Leitungsnetzen – in manchen Ländern auch die Angst vor Terroranschlägen über das Wasserleitungsnetz.

Mehr IT-Umweltanwendungen werden kommen, etwa in der Land- und Forstwirtschaft mit Sensoren zum Wasserhaushalt, zur Kontrolle der Düngung oder Sensornetze für die Reinheit von Gewässern.

Allgemein verändert dieses Zusammenwirken von IT und realer Welt unsere Welt grundlegend. Der Umgang mit physikalischen Objekten wird intelligenter, in gewissem Sinne wird die Realität intensiver, man spricht von verstärkter Realität oder Augmented Reality. Die Verstärkung kann für „grüne" IT zugunsten der Umwelt wirken, in einer „Big-Brother"-Welt in Richtung einer totalitären Gesellschaft.

Die physikalische Grundlage sind Sensoren, Aktuatoren, Computer und Kommunikationseinrichtungen, aber darauf setzen Schichten von Software auf, die geplant, gebaut, integriert, getestet und kontrolliert werden müssen nach den Vorgaben der Anwendung. Die Architektur all dieser digitaler Systeme ist im Wesentlichen unter der Oberfläche die Architektur von Software – genauso wie die Architektur der internen Prozesse der Computer und Mikroprozessoren selbst. Die kaum beachtete und recht abstrakte Ingenieursdisziplin „Softwaretechnologie und Softwareengineering" wird damit zur zentralen Grundlage für die technische wie für die geschäftliche Welt, mit Tausenden von Programmierern in Telekommunikationsunternehmen, in Unternehmen der Elektronik, in grossen Banken – überall wo Arbeit ausgeführt und Information verwendet wird. Und wo geschieht dies nicht?

4 Softwaretrends

4.1 Software zwischen Vermächtnis und Moderne

Mit Hilfe von Software werden Arbeiten und Aktivitäten organisiert und ausgeführt – seit 1967 mit dem Anspruch und dem Versuch als neue Ingenieursdisziplin „Softwareengineering". Software ist ein besonderes technisches Produkt: Sie ist immateriell, schwer zu messen, und ihr grosses Problem ist – die Entwicklung von Software ist menschlich. Die Erstellung von Software ist i. Allg. ein kollektiver Vorgang mit Menschen, die eng miteinander kommunizieren müssen. Eine weitere inhärente positive wie negative Eigenschaft von Software ist ihre Flexibilität: Software verwirklicht in vielen Projekten die benötigten Funktionen und übernimmt die geforderten Änderungswünsche, häufig mit dem Preis des Auftretens von Fehlern oder von Projektverzögerungen.

Aus Software entstehen Systeme wachsender Komplexität, auch hier finden wir exponentielles Wachstum: Die Systemgrösse – gemessen etwa in LOC's, der Anzahl der Programmzeilen oder „Lines of Code" – wächst typischerweise exponentiell als Funktion der Zeit und gilt für die Software in vielen technischen Produkten: für digitale Telefone, für die Elektronik im Auto oder Flugzeug, aber auch für den Betrieb von Unternehmen. Software übernimmt die Ausübung der benötigten Funktionen und wird zur eigentlichen Maschinerie. Damit erzeugt eigentlich die Software die Werte des Produkts. Unsere Zivilisation beruht damit auf Software, jeglicher technische Fortschritt bedeutet neue Software, selbst nahezu jeder soziale Fortschritt erfordert neue Software.

4.1.1 Die Rolle der Software

Für den normalen Benutzer ist die Software i. Allg. nicht zu sehen, er oder sie sieht die Anwendung und ihre Schnittstelle zum Gerät. Dazu wird sie immer mehr regelrecht versteckt in „eingebettete Systeme", deren eingebaute Computer selbst ebenfalls unsichtbar sind, z.B. in Videokameras oder Dieselmotoren oder Bremssysteme beim Fahrzeug. In einem modernen Personenwagen können so durchaus mehrere Dutzend eingebaute Computer arbeiten.

Dies macht es schwierig, die Bedeutung von Software einzuschätzen und Werbung für die Disziplin des Softwareengineering und die zugehörigen Berufe zu machen!

Zur Bedeutung: Banken wie UBS oder Credit Suisse, aber auch technische Unternehmen wie Bosch haben Softwareteams mit jeweils ungefähr 5000 Programmierern (oder mehr). Grady Booch (Booch, 2005) schätzt die Zahl der IT-Professionals weltweit auf etwa 15 Millionen, davon etwa 4,5 Millionen als Softwareentwickler. Die Gesamtmenge an bisher geschriebenen oder modifizierten Programmen oder „Code" wird von Booch für 2006 auf etwa 740 Milliarden LOCs geschätzt, das wären wohl etwa 140 Millionen Programmiererjahre!

Eine typische Eigenschaft dieser Software ist das Nebeneinander von Langlebigkeit und Kurzlebigkeit, und zwar sowohl in der Software (und damit den zugehörigen Hilfsmitteln, Prozessen und Sprachen) wie auch in den Produkten.

Im letzten Unterabschnitt werden wir mit Web 2.0 eher auf der Seite der kurzlebigen Software und der „Postmoderne" sein.

In der Praxis ist die Langlebigkeit von Software ein Problem: „Alte" Software stellt zum einen einen grossen Wert dar, zum anderen blockiert sie als „Legacy Code", als geerbte Struktur oder – direkt übersetzt – als Vermächtnis, viele notwendige Änderungen und Erweiterungen. Auch viele Produkte haben mit der Zeitdimension der IT ein Problem, etwa die IT im Auto oder im Flugzeug. Man kann folgende Kategorien unterscheiden:

- Langlebige Zeitskala (15 Jahre oder mehr):
  Infrastruktursoftware des Autos, etwa die Motorelektronik,

- Kurzlebige Zeitskala (z.B. zwei bis drei Jahre):
  Unterhaltungselektronik, etwa das mobile Telefon.

So verwenden viele kaufmännische Anwendungen weiter erfolgreich COBOL (eine Programmiersprache aus der Frühzeit der Computerentwicklung). Am anderen, modernen Ende des Spektrums der Softwareerstellung stehen dann die Mash-Up-Verfahren, bei denen Software aus Bausteinen zusammengesetzt wird.

Alte Ideen bleiben gültig von Anbeginn der Programmierung, etwa die Strukturierung von Programmen und das Trennen der verschiedenen Aufgabenbereiche als sogenannte „Separation of Concerns". Diese widerspiegeln allerdings auch alte Softwaresünden: Probleme in der Durchführung von Softwareprojekten (d.h. viele Projekte scheitern oder überziehen Budget und Zeitziele) und Programmfehler, d.h. Abweichungen vom geplanten Verhalten.

Für den Entwickler bedeutet dies eine kontinuierliche Fortsetzung der Prinzipien und Trends der letzten Jahrzehnte, bestimmt durch

- laufende Verbesserung der Hardware durch das Moore'sche Gesetz (dies
  erlaubt immer wieder, aufwendige Softwarelösungen zu realisieren),

- immer stärkere Vernetzung der Arbeit und der Entwicklungsteams,

- Anheben der Abstraktionsebene von einer maschinenorientierten Begriffswelt zur Welt der entsprechenden Anwendung, der Anwendungsdomäne.

Software dominiert viele technische oder kommerzielle Systeme, insbesondere die sog. softwareintensiven Systeme, etwa

- e-Commerce und grosse kommerzielle Systeme, etwa Bankensysteme,

- Telekommunikationssysteme,

- Versorgungsnetze wie intelligente Stromnetze,

- Waffensysteme,

aber auch

- Systemsoftware selbst, etwa die klassischen Betriebssysteme und webbasierende Systeme, die Software als Dienstleistung (SaaS, Software as Service) anbieten, etwa über moderne Mehrmieter-Systeme (Multi-Tenant Systems).

Darunter befinden sich die grössten Systeme überhaupt, gemessen an der Anzahl der LOCs, der Zahl der Computerplattformen, der Sensoren und der beteiligten Menschen bei Entwicklung und Betrieb. Viele Softwaresysteme sind dabei, zu technischen und sozialen Ökosystemen zu werden und über alle Grenzen zu wachsen – oder gibt es für diese ultragrossen Systeme (Ultra Large Systems, ULS; Northrop, 2006) Grenzen im Wachstum? Treten bei weiter wachsendem Umfang ganz neue kollektive Phänomene auf, neben möglichem Zusammenbruch und Chaos? Da viele dieser Systeme sicherheitskritisch sind, sind diese ungelösten Fragen zentral für das weitere Wachstum der grossen Systeme – und damit für die Stabilität und Nachhaltigkeit unserer Welt.

Die Verantwortung für die praktische Lösung vieler Fragen beim Entwurf von Softwaresystemen – und damit von komplexen IT-Systemen mit grossen Änderungen in Unternehmensstrukturen und Produkten – liegt beim Berufsstand des IT-Architekten, der sich seit 1990 entwickelt hat.

Der (IT-)Architekt bestimmt die Struktur oder die Strukturen des Systems mit den Softwarekomponenten und den Beziehungen zwischen den Komponenten: Er oder sie ist die Brücke zwischen den Anforderungen an das System und der Realisierung. Dieser Architekturbegriff legt die Analogie zur „normalen" Architektur und dem Bauwesen nahe, die den abstrakten Softwarestrukturen ein wenig Anschaulichkeit verleihen kann. In der Tat hat schon Immanuel Kant die Architektonik als „Kunst der Systeme" bezeichnet.

Als ein Beispiel vergleicht die Tabelle 4 die Rangfolge der Strukturen in der klassischen Architektur und der Softwarearchitektur, jeweils unter dem Gesichtspunkt der Veränderbarkeit:

Zeitmassstab	Klassische Architektur	IT-Architektur
kurz	Inneneinrichtung, Möbel	Implementierung von Routinen
mittel	Innenwände	Schnittstellen
gross	Aussenwände, Haus, Grund und Boden	Anwendung
gross	Infrastruktur, Stil	Infrastruktur, Stil
sehr gross	Siedlung, Konglomeration	Anwendungssystem, Ökosystem

Tabelle 4:   *Vergleich klassischer Architektur mit Softwarearchitektur in einem Schichten-modell unter dem Gesichtspunkt der zeitlichen Beständigkeit der Objekte.*

Zum einen dürfen (und werden) sich Implementierungen ähnlich wie das Mobiliar in einer Wohnung leicht ändern, aber die Anschlüsse und sanitären Installationen sind schon schwerer zu verschieben, und das System als Ganzes soll im gemeinsamen Stil wachsen können bei einer grossen Lebensdauer.

Während in vielen Softwareprojekten die Detailarbeiten in europäische oder asiatische Niedriglohnländer ausgelagert werden, etwa nach Rumänien als „Nearshoring" oder nach Indien als „Offshoring", bleibt die Aufgabe der Architektur beim Architekten im Heimatland. Die Auslagerung von diesen planerischen und organisatorischen Arbeiten gibt ihm oder ihr eine zentrale Rolle im Projekt und eine wachsende Bedeutung im Unternehmen.

4.1.1.1 Open Source als sozial-technischer Trend

Neben diesen geplanten kommerziellen Softwareprojekten in kontrollierten Umgebungen gibt es einen dynamischen Trend zu Projekts, die von Einzelnen gestartet werden – aus einer Art Zunftgeist heraus – oder die von Unternehmen als Anreiz für die Entwicklung eines Bereiches freigegeben werden.

Trotz der Abstraktheit von Software hat freie Software (Free Source) eine soziale und emotionale Strömung mit Tausenden von offenen Softwareprojekten ausgelöst, in denen sich schon Hundertausende von Programmierern engagiert haben. Der Wunsch nach Anerkennung bei seiner Gruppe, den „Peers", ist hier eine positive Triebkraft – ähnlich wie beim Hacker im Negativen ein erfolgreicher Virus. Andrerseits werden von Firmen immer häufiger die Resultate von grundlegenden Projekten aus strategischen Gründen als Open Source freigegeben.

Das Entwicklungsmodell Open Source ist eine freiwillige kollaborative Arbeit von Privatpersonen oder Unternehmen. Es ist Software, die zum einen offengelegt wird (die Interna von proprietärer Software werden umgekehrt typischerweise als Geschäftsgeheimnis betrachtet), zum anderen unter definierten Umständen beliebig benutzt und weitergegeben werden darf. In beiden Fällen prüfen die Rechtsabteilungen der Softwarefirmen alle berührten Rechte oder die „IP" (Intellectual Property oder das geistige Eigentum), sowohl die eigenen Rechte, die man freigeben oder beanspruchen will, wie die fremden Rechte, die man berücksichtigen muss: auch das korrekte Verschenken seiner Arbeit ist nichttrivial!

Das Geschäftsmodell von Unternehmen, die Open Source vertreiben, besteht häufig im Matroschka-Prinzip (Russian Doll): Die Open-Source-Programme sind praktisch frei, dazu kommen kostenpflichtige Dienste im Umfeld der Open Source und Zusätze oder Erweiterungen auf der Open-Source-Grundlage.

Open Source führt häufig zu einer enormen Beschleunigung der Gesamtentwicklung eines Gebiets durch die engagierte Gemeinschaft der besten Fachleute. Dieser Effekt lässt sich mit dem angelsächsischen Sprichwort beschreiben: „Die Flut hebt alle Schiffe."

Ein besonders erfolgreiches Open-Source-Beispiel ist die offene Umgebung Eclipse (eclipse.org) für professionelle Softwareentwickler: Sie hat ein eigenes Ökosystem mit Hunderttausenden von Benutzern geschaffen mit Vorteilen für alle Beteiligten. Der Trend ist hier, dass Produzenten und Verbraucher zusammenarbeiten oder sogar „zu einer Person werden", dem Prosumer. Zusammen wird die Grundlage geschaffen, auf der die spezifischen proprietären Produkte aufbauen – meistens schneller und besser, als dies allein oder durch einen Monopolisten gelingen könnte, eine Win-Win-Situation. Die Arbeit von Hunderten, ja von vielen Tausenden der besten Programmierer weltweit steht frei zur Verfügung.

Der Erfolg der Open-Source-Bewegung hat zu einem typischen zweiten Schritt geführt: Die Vielzahl der existierenden Open-Source-Projekte hat einen Bazar eröffnet (nach einem Buch von Eric Raymond, 1999, im Gegensatz zu den „Kathedralen" der Grosssysteme) und macht eine höhere Stufe der Entwicklung notwendig, die einen systematischen Überblick über Existenz, Inhalt, Qualität und den Grad der Lebendigkeit – der

Aktivitäten – der verfügbaren freien Software gibt. Die Website Oloh.net listet so im Oktober 2007 etwa 8500 quelloffene Projekte, ein wertvoller Schatz für alle IT-Professionals und das gesamte IT-Gewerbe.

Das Open-Source-Modell mit der Erfindung von juristisch einwandfreien Lizenzierungs-methoden zur freien Weitergabe der eigenen Arbeit ist eine der wichtigsten sozialen Errungenschaften der IT-Industrie und einer der wichtigsten Beiträge zur Volkswirt-schaft insgesamt. Software konnte in diesen kollaborativen Arbeitsformen eine führen-de Rolle übernehmen als nichtmaterielles Produkt: Das Netzwerk erlaubt das nahezu kostenlose Zusammenarbeiten über alle Entfernungen hinweg. Im Abschnitt „Software und Geschäftsprozesse" diskutieren wir die Auswirkung dieser Eigenschaft auf die Beziehungen von Unternehmen zueinander als Gesetz von Coase.

4.1.2   Komplexität und Softwaresysteme

Durch das Zusammenspiel verschiedenster Technologien und die Notwendigkeit vieler Entscheidungen in unsicherer Umgebung – das ist nach Alistair Cockburn (2006) das Charakteristikum der Softwareentwicklung – wachsen Softwaresysteme zu komplexen Systemen. Umgebungen für Projekte sind unsicher, weil das Umfeld neu ist, nicht voll definiert und sich während der Durchführung laufend ändert. Der Bau einer neuen Fabrikation, eines neuen Flughafens oder ein neues Raumfahrtprojekt haben in die-sem Sinne vieles mit Softwareprojekten gemeinsam.

Abbildung 4-1 zeigt nach Grady Booch (2004) die beiden Hauptdimensionen „Techno-logiekomplexität" und „Managementkomplexität" und die Einordnung typischer Syste-me.

Systeme geringen Umfangs werden in kleinen Teams erstellt, im Extremfall mit der Methode des „extremen Programmierens": Zwei Programmierer programmieren ge-meinsam, unterstützen und kontrollieren sich gegenseitig. Grossprojekte erfordern eng vernetzte Teams mit einem Verbund von gegenseitigen Absprachen und Testplänen. In beiden Fällen spielt Psychologie eine grosse Rolle, bei grossen Teams kommt dazu immer stärker die Transparenz des Teams und seiner gesamten Arbeit mit Hilfe von IT.

Die Skala der Technologien reicht von einfachen Büroanwendungen bis zu den gross-flächigen „Cyber-Physical Business"-Systemen mit grossen Anzahlen von eingebetteten Systemen und (neuen) Anforderungen nach schnellen und intelligenten Reaktionen; hier finden sich softwareintensive Systeme.

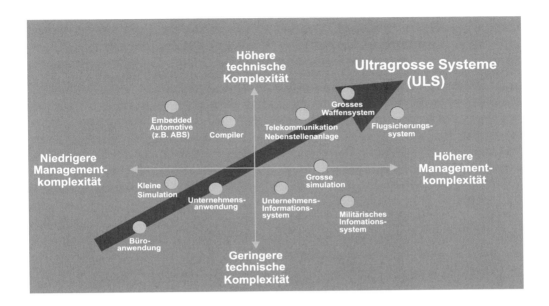

Abbildung 4-1: *Dimensionen der Softwarekomplexität nach Grady Booch, IBM/Rational;*
softwareintensive Systeme finden sich im rechten oberen Quadranten.

Softwareengineering ist die harte, manchmal auch trockene Form der Lehre vom Management grosser und grösster Projekte. Durch die Mächtigkeit des Computers und die Flexibilität der digitalen Kommunikation ist Software der Pionier in neuen Konzepten der Zusammenarbeit, im Negativen durch Hacker und Viren, aber besonders im Positiven durch funktionierende globale Teams. Die Wiederverwendung der Arbeit anderer und die zielgerechte Zusammenarbeit mit anderen: Beides sind Träume (und Alpträume) der Softwareentwicklung von Anbeginn an. Durch die systematische Wiederverwendung von Erprobtem können die Softwaresysteme von Generation zu Generation mächtiger werden.

Abbildung 4-2 illustriert die heutige Komplexität der Softwareinfrastruktur in Unternehmen an einem „normalen" Beispiel aus der Praxis, ohne jede Übertreibung, und zeigt damit zwei offensichtliche Grundaufgaben auf:

- Innovation in diesem Umfeld ist ein Problem:

  Innovation erfordert rasche Änderungen in diesem Umfeld, „on demand", wie ein Slogan der IT heisst, und

- Funktion allein reicht nicht mehr aus:

  Management und Gesetzgeber verlangen Steuerung und Kontrolle bei Erstellung und Betrieb der Systeme. Wie kann man derartige Prozessnetze integer bauen und nachweisbar kontrolliert führen?

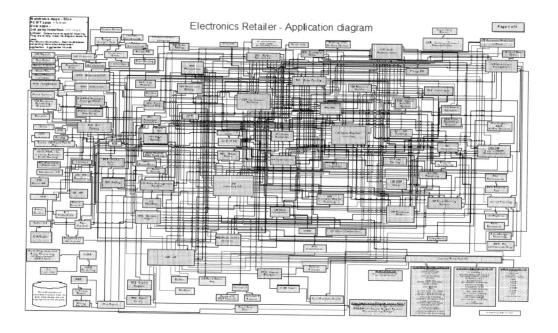

Abbildung 4-2: *Ein typisches Bild zur Software – die Softwarearchitektur eines Unternehmens als Visualisierung der Komplexität der Geschäftsprozesse (Quelle: IBM Software Group, 2005).*

In der Tat umfassen die Softwaresysteme in Grossunternehmen heute Tausende, ja Zehntausende von Komponenten oder „Assets".

4.2 Die Kongruenz von Software und Unternehmensprozessen und das „Gesetz von Coase"

Die Unternehmenssoftware – von immenser wirtschaftlicher Bedeutung, langer Geschichte, aber (meistens) ohne die zusätzliche Echtzeitproblematik – setzt wichtige Trends in der Weiterentwicklung der Disziplin „Software". Sowohl bei der Erstellung von einzelnen Programmen („Programming in the Small") als auch bei der Zusammensetzung von Systemen („Programming in the Large") geht Unternehmenssoftware systematisch neue Wege, die sich auch auf andere Bereiche anwenden lassen wie etwa auf technische (eingebettete) Software.

4.2.1 Programmierung mit Modellsprachen (MDD)

Zwei prinzipielle Mechanismen, die die Erstellung von Software verbessern, sind:

1. die Erhöhung der Abstraktionsebene,

2. die Verwendung von automatischen Werkzeugen.

Beide Massnahmen maskieren oder reduzieren die menschlichen Entscheidungen, die ansonsten Arbeit und Unsicherheit bedeuten. Aktueller Trend ist die Programmierung auf „höherer" Ebene, d.h. in einem „Modell" und damit nahezu in der Sprache eines Berufszweigs (Abb. 4-3).

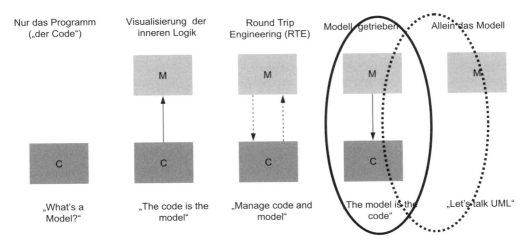

Abbildung 4-3   *Softwareentwicklung mit Modellen: Die Evolution nach Grady Booch, IBM Rational, 2004.*

Dabei ist ein Modell eine Sicht auf das Problem ohne unwichtige Aspekte aus der subjektiven Sicht des Auftraggebers. Es ist dann Aufgabe der Entwicklungswerkzeuge (oder des IT-Professionals), eventuell notwendige Ergänzungen hinzuzufügen. In der Versicherungsindustrie erfolgt damit die Programmierung eines neuen Produkts direkt in den Fachbegriffen der Branche.

Ziel der modellgetriebenen Entwicklung (Model-Driven Development, MDD) ist das automatische Umsetzen auf die IT-Plattform und die IT-Infrastruktur mit wenigen zusätzlichen manuellen Korrekturen in beide Richtungen. Im Endziel wird – wenn möglich – die Aufgabe allein in der Anwendungsdomäne bearbeitet. Es wiederholt sich der Schritt analog dem vor 40 Jahren von den Maschinensprachen zu „höheren" Sprachen wie FORTRAN und COBOL. FORTRAN (heute kleingeschrieben Fortran) mit der Nähe zur mathematischen Ausdrucksweise zum Beispiel hat die Programmierung den Wissenschaftlern geöffnet – eventuell verschiebt MDD die Grenze zwischen IT und Geschäftsseite im Unternehmen in Richtung „Business".

4.2.2   Orchestrierung, Choreographie und Mobilität von Diensten

Eine weitere Massnahme zur Verbesserung der Herstellung von Software ist

3.   die Wiederverwendung bewährter Software, der „Re-use".

Wiederverwendung von Bewährtem ist ein Grundprinzip in der ökonomischen Erstellung von komplexen Systemen durch Menschen, auch hier hat die Software eine Modellfunktion und zeigt die möglichen Prinzipien:

- Erkennung und Wiederverwendung von Mustern (Design Patterns), d.h. erfolgreiche Konzepte werden wiederverwendet,

  als Ergänzung werden auch Anti-Muster (Antipatterns) aufgelistet, das sind Negativbeispiele dafür, „was man nicht tun sollte",

- Weitergabe der erfolgreichen Rahmenbedingungen von Projekten als Softwarefabrik (Software Factory) zur systematischen Durchführung möglichst ähnlicher Projekte,

- Wiederverwendung alter, bewährter Software (Legacy), eventuell durch Herausziehen der inneren Logik (Reengineering) oder durch Einkapselung (Wrapping),

- Erleichterung der Wiederverwendung durch geeignete Bausteine (Lego-Prinzip).

Die explizite Wiederverwendung von Programmstücken hat für Generationen von Entwicklern nicht funktioniert: Die Programmierer haben in den meisten Fällen lieber selbst neu programmiert, als ähnliche Lösungen zu suchen und sich in die Programme anderer hineinzudenken.

Der wichtigste aktuelle Softwaretrend ist ein Neuanfang für den Re-use. Wieder werden Bausteine definiert, nun heissen sie Webdienste (Webservices) und als Gesamtsystem für Unternehmen Dienstearchitektur (Service Oriented Architecture, SOA). Webdienste haben den Anspruch, leicht aufzufinden zu sein, in ihrer Auswirkung (bei transparenter Implementierung) gut verständlich und damit auch von Aussenstehenden verwendbar zu sein. Immer wichtiger werden die „Orchestrierung" von Webservices (das Zusammenfügen zu grösseren Diensten) und die „Choreographie", die Kenntnis der Regeln zum Bauen von Anwendungen aus Webdiensten. Software als Service (SaaS) ist ein Teil dieses Trends und wird bereits von vielen Unternehmen verwendet.

Die Vision der zukünftigen Anwendungsprogrammierung ist eine globale Wolke von Webdiensten, die „Cloud", aus der flexibel Anwendungen bezogen und Lösungen konstruiert werden.

Eine allgemeine Konsequenz dieser Flexibilität von Unternehmen durch Software als Dienst (auf der Grundlage des Internets) ist die Fortsetzung und Vertiefung des Trends zu Outsourcing (und umgekehrt Insourcing). Dieser Trend lässt sich kausal im Sinne des Ökonomen Ronald Coase (1960) verstehen. Entscheidend für die logische Grenze eines Unternehmens sind die Kosten für den Import oder Export einer Leistung über die Unternehmensgrenzen. Die Entwicklung der Softwaretechnik reduziert die technischen Kosten laufend, damit können immer kleinere Brocken von Anwendungen ökonomisch sinnvoll in eigene Strukturen eingebaut werden.

Das Resultat der Arbeit von Menschen ist damit leicht verschiebbar geworden, sowohl in der Form grosser Pakete (etwa die Ergebnisse vollständiger grosser Projekte) als auch als leichtgewichtige einzelne Dienstleistungen, die als Zwischenschritte in einem Geschäftsprozess verwendet werden. Hier ist ein Beispiel die Abwicklung der Kostenerstattung einer geschäftlichen Reise eines Mitarbeiters. Unternehmen können damit die Ausführung einer Dienstleistung sowohl in der Entwicklung wie im laufenden Betrieb an einen Ort ihrer Wahl legen – z.B. alle Reiseabrechnungen, auch die in der Schweiz generierten, in einer Zweigstelle in Manila auf den Philippinen durchführen lassen oder alle Personalformalitäten in Budapest in Ungarn. Immer speziellere Geschäftsbereiche können von einzelnen Anbietern erfolgreich angeboten werden.

Der Unternehmer muss als „Extrapreneur" in diesem Netzwerk agieren und optimieren lernen – die klassischen vertikalen Strukturen und die hierarchischen Bürokratien der Unternehmen lösen sich auf.

Software als soziale Technologie liefert für die Veränderung der Unternehmen von Monolithen zu Unternehmensnetzwerken die Grundlage und damit auch für diese Seite der Globalisierung mit integrierten globalen Unternehmen.

4.3 Software und Integrität in Unternehmen

Unternehmen sind komplexe IT-Netzwerke, intern und extern mit wachsender Zahl von globalen Partnern. Zum direkten blossen Funktionieren der IT tritt verstärkt die Aufgabe, zu verstehen, wie die IT funktioniert. Typische Aufgaben sind der Beweis des Einhaltens von gesetzlichen Vorschriften, das Verständnis und die Bewertung der Risiken und der Wertschöpfung im Netzwerk der Unternehmensprozesse, und die laufende Messung der Leistungskennziffern (Key Performance Figures, KPIs) in den Einheiten des Unternehmens. Versteht man unter Integrität das Handeln auf Grund konsistenter Prinzipien, so benötigt das gut geführte Unternehmen damit Integrität auf den Ebenen:

- Datenintegrität: korrekte, konsistente und sichere Information,

- Prozessintegrität: genau die vorgesehenen und korrekten Aktionsfolgen,

- Leitlinienintegrität: die erweiterten Unternehmen anzuwendenden Regeln (die „Policys") müssen beachtet und korrekt und konsistent durchgeführt werden.

Der (oder die) Gesetzgeber und die Verbände erstellen Regeln für den Betrieb von Firmen und Organisationen in wachsendem Umfang und wachsender Anzahl: Die amerikanische Bundesbehörde des „Office of Management and Budget" hat von 1981 bis 2006 bereits 118'000 neue Regulierungsvorschriften gezählt mit etwa 2 Millionen Seiten Umfang. Es ist also nicht mehr ausreichend, dass eine Unternehmensinfrastruktur funktioniert, sondern es muss bewiesen werden, dass das Unternehmen nach den richtigen Regeln funktioniert. Beispiele hierfür sind etwa Basel II in der Finanzindustrie, Sarbanes-Oxley für allgemein börsengehandelte Unternehmen und der Datenschutz für de facto alle Unternehmen. Der Nachweis sollte zudem nicht nur einmal im Jahr im Rahmen eines Audits geleistet werden, sondern am besten kontinuierlich.

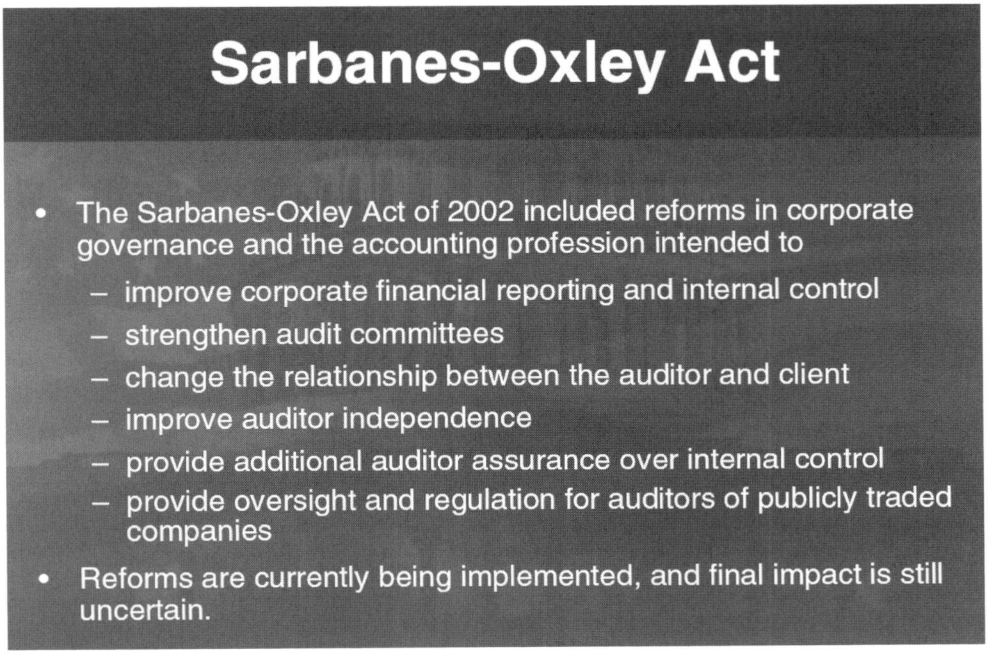

Sarbanes-Oxley Act

- The Sarbanes-Oxley Act of 2002 included reforms in corporate governance and the accounting profession intended to
  - improve corporate financial reporting and internal control
  - strengthen audit committees
  - change the relationship between the auditor and client
  - improve auditor independence
  - provide additional auditor assurance over internal control
  - provide oversight and regulation for auditors of publicly traded companies
- Reforms are currently being implemented, and final impact is still uncertain.

Abbildung 4-4: Sarbanes-Oxley ist das bekannteste Beispiel von Business-Integrity-Vorschriften (Quelle: US Government Accountability Office, 2007).

Das klassische Thema der IT-Sicherheit ist inbegriffen: IT-Sicherheit ist notwendige (aber nicht ausreichende) Voraussetzung für jegliche Integrität. Eine spezielle Integritätsaufgabe ist seit 30 Jahren erkannt und erfolgreich gelöst, die Integrität einzelner Transaktionen. Hier garantiert das ACID-Prinzip (Atomicity, Consistency, Isolation and Durability) die Integrität der Daten und Datenbanken selbst über eine Kette von Unternehmen hinweg.

Softwaretechnisch erfordert die Implementierung von „Integrität" eine neue, übergreifende Sicht des Unternehmens, orthogonal zu den einzelnen Objekten wie „Kunden" und zu einzelnen Prozessen wie „CRM". Eine moderne Technik zur Lösung solcher Aufgaben, die quer durch ein Unternehmen oder durch ein Softwaresystem gehen, ist die aspektorientierte Programmierung: Diese querliegenden Systemfunktionen wie z.B. Überwachungsfunktionen oder Datenschutz müssen insgesamt in die Unternehmens-IT „gewoben" werden, wie Fäden in einem Teppich, und dabei möglichst ohne störende Nebenwirkungen.

Sieht man die Entstehung der Daten im Unternehmen auch als Sensorik an, etwa das Erscheinen eines Kunden mit einem Kreditwunsch in der Bank, das Bezahlen einer Rechnung oder die Veränderung eines Aktienkurses, so sieht man, dass es sich um Sonderfälle der Ereignissysteme der Gesamtwelt handelt. Business-Systeme spielen hier eine Vorreiterrolle, etwa wenn die Kreditkarten-Operationen und die Banktransaktionen von Millionen Kunden auf Plausibilität oder auf potenzielle Geldwäsche geprüft werden.

Pragmatische Aufgaben aus dem Gesamtspektrum der „Business Integrity", die zurzeit angegangen werden, sind z.B.

- das föderierte Identitätsmanagement für den Zugriff auf verschiedene Anwendungen im Unternehmen mit dem „Single Sign-On", dem sicheren und bequemen gemeinsamen Zugriff,

- der Datenschutz quer durch das Unternehmen, mit Zugriffskontrolle abhängig von der fragenden Person, von der Art des Datensatzes, dem aktuellen Zusammenhang und vom Zeitpunkt der Abfrage,

- die Betriebsrisiken der Finanzinstitute durch einen Austausch der Erfahrungen von Finanzinstituten in einer gemeinsamen Datenbank (Operational Risk Data eXchange, ORX).

Allgemein werden Standards entwickelt, die es erlauben, die Texte von Vorschriften – seien es juristische Texte (Gesetze und Verordnungen) oder Verträge mit Kunden (Service Level Agreements, SLAs) – leichter zu formalisieren und damit zu automatisieren. Dieser Trend hat seine historischen Wurzeln unter anderem bereits im Jahr 1974 in der Entwicklung einer Formatierungssprache für „programmierte" Texte durch Charles Goldfarb, einem IBM-Forscher und gelernten Anwalt. Die Markup-Sprache (auch Auszeichnungs- oder Beschreibungssprache) dient dazu, den Inhalt eines Dokuments von der Form zu trennen und die wesentliche Logik allein und unabhängig von Eigenheiten der Realisierung zu beschreiben. Formalisierte Regeln, typischerweise auf der Basis der Markup-Sprache XML, können dann von der Unternehmenssoftware umgesetzt werden. Der Grundgedanke ist damit analog dem der Modellierung für Programmsysteme.

Integritätssoftware ist heute ein wichtiger geschäftlicher und gesellschaftlicher Forschungs- und Entwicklungsbereich: Für Betriebe, Wirtschaft und Gesellschaft hat sie eine ganz wesentliche, geradezu ethische Steuer- und Kontrollfunktion. Und sie wird durch die zu erwartende durchgehende Transparenz der Unternehmensprozesse zu jeder Zeit den Arbeitsplatz „Unternehmen" grundlegend verändern.

4.4 Leichte Software und leichte Information (Web 2.0)

Software in Unternehmen und in Produkten hat zusammen mit der IT-Infrastruktur eine zuverlässige Maschinerie zu sein. Durch den Import von Diensten und Daten von ausserhalb werden zwangsläufig auch Risiken importiert: Kontrolle an der Grenze bedeutet aber Kosten (und wirkt nach Coase erschwerend): Hier ist es wichtig, preiswerte Verfahren zu finden und auch bewusst Kompromisse und Risiken einzugehen. Begrenztes Vertrauen reduziert Kosten und gibt Flexibilität – Open Source ist ein gutes Beispiel. Für dieses sog. Reputationsmanagement werden Softwaretechniken entwickelt, die die Benutzer unterstützen oder sogar die Vertrauenswürdigkeit der Objekte (z.B. über die Herkunft oder „Provenance") zu messen versuchen, sei es von Daten oder von Diensten.

Erstaunlicherweise gibt es mit Web 2.0 einen Trend der IT, für den die Sicherheit und Zuverlässigkeit – hart formuliert – zweitrangig ist: Primär geht es um die Dynamik einer Idee, häufig einer Geschäftsidee, um Einfachheit in der Bedienung und um eine Gruppe von Menschen, die diese Idee tragen. Das Internet in Kombination mit einfach zu bedienender Softwaretechnologie bringt diese Gruppen zusammen, indem es eine Plattform für mehr als eine Milliarde Nutzer darstellt (nach http://www.internet worldstats.com/stats.htm zum Jahresende 2007 etwa 1,32 Milliarden Teilnehmer). Sozial betrachtet wird diese Gruppe eine Gemeinschaft oder eine „Community".

Das klassische Mass der Mächtigkeit eines Netzes besteht nach Robert Metcalfe in der Zahl der möglichen paarweisen Verbindungen: Nach Metcalfe wächst der Wert eines Netzes mit dem Quadrat der Zahl N der Teilnehmer oder Knoten, genau nach der Formel $N(N-1)/2$. Eine bessere Betrachtungsweise der Mächtigkeit eines Netzes im Zusammenhang mit sozialen Anwendungen ist dagegen die Zahl der Gruppen, die innerhalb einer Population von N Teilnehmern gebildet werden kann – diese Zahl wächst exponentiell nach der Formel $2^N - N - 1$ (David Reed, 2001). Dabei kann die Bildung einer Gruppe sehr dynamisch vor sich gehen, wenn sich hinreichend viele Partner zusammenfinden: Diese Erscheinung – der Übergang von einigen wenigen zu einer logisch zusammenhängenden, sozusagen flächendeckenden Gruppe – wird in vielen wissenschaftlichen und sozialen Bereichen beobachtet als kollektives Phänomen, z.B. als:

- Perkolation in der Physik (Wasser durchdringt einen Erdbrocken als Ganzes, nicht nur oberflächlich),

- Epidemie in der Medizin (eine Krankheit durchsetzt eine Bevölkerung, nicht nur wenige isolierte Kranke),

- virales Marketing (eine oft indirekte Werbebotschaft, die so „einschlägt", dass sie zur Weitergabe anregt).

In Abb. 4-5 wird Perkolation am klassischen Beispiel, dem Benetzen von Erde, anhand einer Computersimulation erläutert: Öl tropft von oben auf Erde. Entscheidend ist die Porosität des Bodens: Bei geringer Porosität benetzt das Öl nur die Oberfläche. Erhöht man die Porosität hinreichend, so dringt das Öl tief ein und benetzt den Boden als Ganzes. Dieser Übergang von lokaler Benetzung und einzelnen Inseln zu totaler Durchdringung – die Perkolation – kann bei einer kleinen Erhöhung der Porosität erfolgen.

  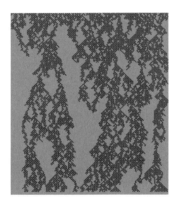

Geringe Porosität   **Mittlere Porosität, nahe an der Perkolationsschwelle**   **Grosse Porosität, Perkolation des gesamten Mediums**

Abbildung 4-5: Perkolation von Öl in Erde in der Computersimulation:

Bei geringer Porosität wird nur die Oberfläche erfasst, erhöht man die Porosität (Konnektivität), so bricht das Öl durch und benetzt grosse zusammenhängende Erdbereiche.

Der Leser kann dies selbst simulieren auf:
http://ccl.northwestern.edu/netlogo/models/Percolation
Copyright der Simulation und der hier gezeigten Beispiele: Uri Wilensky, 1997.

Entsprechend kann die Ausbreitung einer Idee (oder Technologie oder eines Produkts) insbesondere im Internet verstanden werden: Ist die Idee hinreichend attraktiv, der Anschluss an die Gruppe hinreichend einfach, so breitet sich die Idee lawinenartig aus. Die Population im Web ist so gross und die effektive Distanz zu den Nachbarn nahezu verschwunden, so dass die Voraussetzungen hierfür häufig gegeben sind.

Ein weiteres Beispiel ist das Klatschen der Zuhörer oder Zuschauer in einem Konzert oder Theater: Perkolation ist hier, wenn aus wenigen Klatschern ein (nahezu vollständig) klatschender Saal wird – obwohl es vielleicht sogar ein ungehöriger Zeitpunkt für den Applaus war!

Gemeinsam ist diesen Perkolationseffekten, dass das Resultat etwas fundamental Neues ist, ein Kollektivphänomen. Perkolation erzeugt einen neuen Zustand – in diesem Sinne liegt ein einfaches Emergenzphänomen vor: Es handelt sich um eine Eigenschaft, die in den Komponenten nicht vorhanden war.

Web 2.0 ist damit die Gesamtheit der Perkolationswellen im Internet, bestehend aus einer Vielzahl von epidemischen Gruppenbildungen. Einige davon führen durch ihren Erfolg sogar zu den erwähnten Redshift-Systemen (Richard Martin, 2007) als sichtbaren, kommerziellen Ausdruck ihres Erfolgs.

Der Begriff Web 2.0 ist dabei selbst ein Perkolationsphänomen vom Typ „virales Marketing" und damit auch der Gefahr der Ablehnung von Schlagwörtern nach einer Phase der Euphorie ausgesetzt!

Abbildung 4-6 zeigt die typischen Komponenten des Web 2.0 (Werkzeuge, Standards, Techniken) in der Originalfolie zur historischen Definition 2005 durch Tim O'Reilly. Drei Grundfaktoren bestimmen damit Web 2.0:

- die hinreichende Vernetzung über das Internet, wie oben gezeigt,
- eine hinreichende Vereinfachung der Bedienung von Web-Anwendungen,
- und eine attraktive Grundidee für eine Gruppe von Menschen.

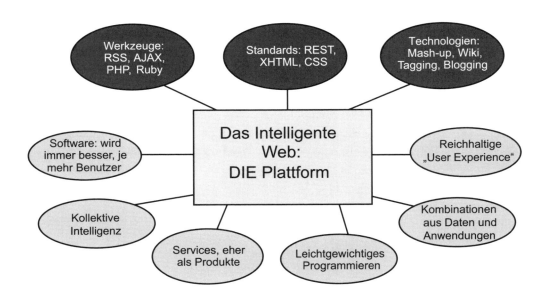

Abbildung 4-6 : Die Web-2.0-Übersicht nach O'Reilly (2005).
Web 2.0 als Ergebnis des Zusammenwirkens von vereinfachter Technologie
und kollektiver Arbeit auf der Grundlage des allgegenwärtigen Internets.

Die „Welle der Einfachheit" im Zugang zur IT bedeutet Technologie, die ihre Komplexität versteckt. Dies ist eine permanente Aufgabe für die Informationstechnologie, da
ihre internen Konstrukte immer komplexer werden. Lehrreich ist der Vergleich von Web
2.0 mit einer historischen Welle 1984 – noch vor dem Web 1.0, das im Jahre 1989
entstand – zur Vereinfachung des Umgangs mit dem Computer (Mike Cowlishaw, 1984
bzw. 2006), damals mit IBM-Grossrechnern im Glashaus. Mike Cowlishaw hatte die
Programmiersprache REXX entwickelt, mit der auch ein Nichtfachmann auf die wertvollen Rechner zugreifen konnte. Dazu hatte der gleiche Programmierer Software entwickelt, die so etwas wie firmeninterne Blogs erlaubte. Ein wesentlicher Unterscheid war
das damalige Umfeld: Diese Hilfsmittel standen nur den Mitarbeitern innerhalb des
Unternehmens zur Verfügung, und dort im Wesentlichen nur der Gruppe der Forscher
und Entwickler – dies war nicht ausreichend für eine Weltbewegung.

Web 2.0 ist heute für eine Milliarde von Menschen offen, sowohl privat wie für firmeninterne Zwecke. Umgekehrt müssen sich heute die Unternehmen bemühen, die Web-
2.0-Dynamik für ihre Teams auch intern zu aktivieren.

Abgesehen von den technischen Grundlagen ist die wesentlichste Web-2.0-Vorausset-
zung die Zusammenarbeit von vielen Menschen unter einem Grundgedanken wie z.B.

- dem Austausch von Videos,

- der Meldung von Verkehrsunfällen in einer Region,

- der Erstellung eines Lexikonartikels zu einer Person oder einem Thema.

Gerade das letzte Beispiel – das populäre Wikipedia – zeigt auch die Grenzen: Wer
bestimmt die Qualität eines Artikels? Probleme sind Vandalismus, politisch inkorrekte,
einseitige oder einfach unprofessionelle Beiträge.

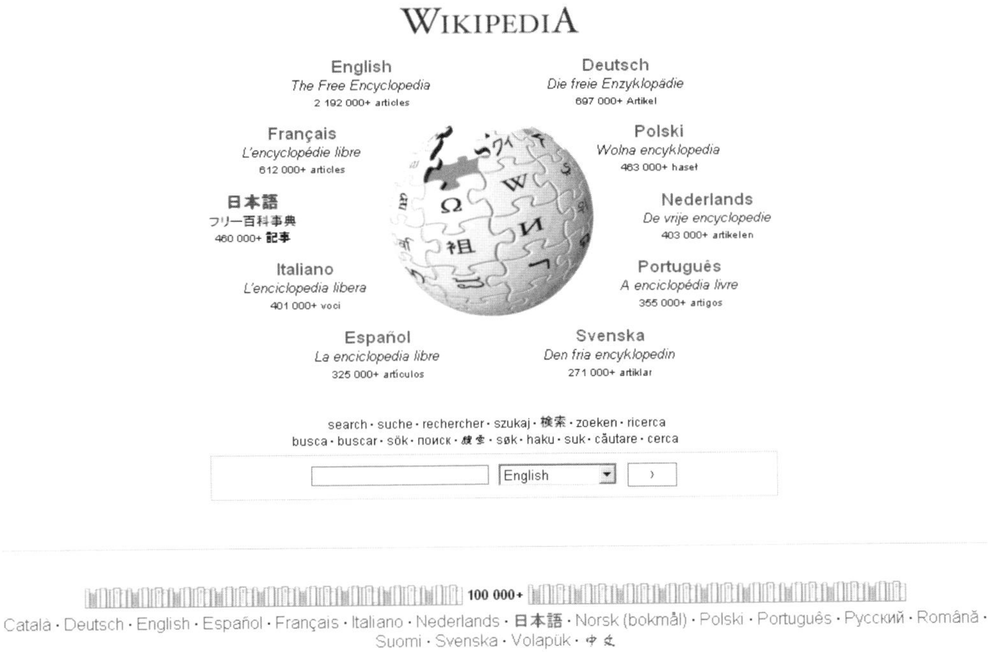

Abbildung 4-7: **Die am stärksten vertretenen Sprachen in Wikipedia (Januar 2008).**
Von der Homepage der Wikipedia-Organisation. Zu diesem Zeitpunkt umfasste
Wikipedia insgesamt etwa 7 Millionen Artikel.

Die verwendete typische Web-2.0-Softwaretechnologie ist hier die Wiki-Technologie: Ein
„Wiki" ist ein Web im Kleinen, eine Sammlung von Internetseiten (oder von Intranetsei-
ten innerhalb von Unternehmen), die von den Benutzern nicht nur gesehen, sondern
verändert werden können.

Der organisatorische Kern des Unternehmens ist der Gründer Jimmy Donal Wales und seine Stiftung Wikimedia Foundation, die auch die systemtechnische Infrastruktur der Server zur Verfügung stellt.

Die wichtigste Wikipedia-Komponente ist das Kollektiv von mehreren Millionen von Autoren, die Beiträge liefern oder geliefert haben.

Gerade mit wachsender Zahl von Stichwörtern in Wikipedia müssen Mechanismen und Werkzeuge eingebaut werden, die sanft steuern, ohne den offenen Web-2.0-Zeitgeist zu zerstören (eine plumpe zentrale Autorität würde dies tun!). Abbildung 4-8 im Farbbild-Anhang zeigt ein Werkzeug, das die Geschichte eines Wikipedia-Artikels visualisiert und damit zeigt, wie umstritten oder stabil ein Beitrag ist. Die Anzahl der Änderungen und die Lebensdauer von Beiträgen lassen sich sofort übersehen und geben ein Mass für die Vertrauenswürdigkeit des Artikels.

Abbildung 4-9 listet einige beispielhafte Warnungen und Aufrufe auf, mit denen Wikipedia-Artikel von der Wikipedia-Zentrale oder von der Gemeinschaft versehen werden können, von der Bitte um Hilfe an Experten bis zum harten Stopp bei Verdacht auf unethischen Inhalt.

Das Web 2.0 symbolisiert damit einen neuen Stil des Umgangs mit Wissen: Es gibt keine Garantie für Qualität, aber es gibt sie mit hoher Wahrscheinlichkeit. Das Community-Konzept generiert in vielen Fällen Vertrauen, zumindest unter den aktiven Teilnehmern. Wikipedia ist bisher in der Qualität den professionellen Lexika mindestens ebenbürtig. Bald wird man eine Sachfrage in den Raum rufen können, und man erhält die Antwort aus dem Web durch diese „kollektive Intelligenz" oder diese „Weisheit vieler" (Wisdom of Crowds), dazu vielleicht aktuell ergänzt durch die Gruppe Menschen, die gerade online sind.

Blogs – also persönliche Web-Tagebücher, die jedermann kommentieren kann – sind hier fragwürdiger: Dennoch kann ein Blog mehr Vertrauen zu einem Produkt schaffen als der Hochglanzprospekt des Herstellers oder umgekehrt: Ein negativer Blogeintrag kann eine Lawine gegen ein Unternehmen auslösen. Andrerseits sind Blogs häufig kurzlebig, sowohl von Seiten der Autoren wie von der Seite der Leser. Web 2.0 kennt kaum Loyalität und Langlebigkeit: Fragen an Wikipedia sind oft Gelegenheitsfragen (Just-in-Time-Wissen), der Inhalt von Blogs ist nur für wenige Tage oder Wochen aktuell.

In dieser kollektiven und freien Web-2.0-Welt muss (und wird) man lernen, auch mit fehlerhafter Information umzugehen oder den Grad der Wichtigkeit und der Zuverlässigkeit eines Bausteins einzuschätzen.

Unintended consequence

From Wikipedia, the free encyclopedia

> **This article needs additional** citations for verification.
> Please help improve this article by adding reliable references. Unsourced material may be challenged and removed. *(January 2007)*

Flynn effect

From Wikipedia, the free encyclopedia

> **This page is currently protected from editing until disputes have been resolved.**
> Protection is not an endorsement of the current version (protection log). Please discuss changes on the talk page or request unprotection. You may use {{editprotected}} on the talk page to ask for an administrator to make an edit

Buzzword

From Wikipedia, the free encyclopedia

> **This article or section may contain** original research or unverified claims.
> Please improve the article by adding references. See the talk page for details. *(September 2007)*
>
> **This article needs additional** citations for verification.
> Please help improve this article by adding reliable references. Unsourced material may be challenged .

Upper Paleolithic

From Wikipedia, the free encyclopedia

> The examples and perspective in this article or section may not represent a **worldwide view** of the subject.
> Please improve this article or discuss the issue on the talk page.

Griefer

From Wikipedia, the free encyclopedia

> **The quality of this article or section may be compromised by** weasel words.
> You can help Wikipedia by removing weasel words.

Cycling probe technology

From Wikipedia, the free encyclopedia

> **This article or section is in need of attention from an expert on the subject.**
> Please help recruit one or improve this article yourself. See the talk page for details.
> Please consider using {{Expert-subject}} to associate this request with a WikiProject

Augmented reality

From Wikipedia, the free encyclopedia

> **This article or section is in need of attention from an expert on the subject.**
> WikiProject Computer science or the Computer science Portal may be able to help recruit one
> If a more appropriate WikiProject or portal exists, please adjust this template accordingly.

Augmented reality (AR) is a field of computer research which deals with the combination of real world and computer generated data. At

Abbildung 4-9: *Beispiele von internen Wikipedia-Zusätzen zu verschiedenen Artikeln –*
vom Verdacht auf mangelnde Qualität bis zum harten Stopp wegen
Verletzung von ethischen Regeln. (Wikipedia, Oktober 2007)

Auch Teilnehmer, die nur einmal als Benutzer auftauchen, sind kein hartes Problem, es gibt ja so viele Kandidaten. Es ist nicht sinnvoll, Web-2.0-Anwendungen aus der klassischen Perspektive der „seriösen" Legacy-Unternehmen anzusehen. Dies betrifft auch das Geschäftsmodell vieler Web-2.0-Anwendungen: Der Web-2.0-Nutzer zahlt direkt oder indirekt für die Teilnahme an einem Dienst oder an einer Gruppe, oder der Dienst wird von raffiniert ausgefeilter Mikrowerbung (bei jedem Klick) getragen.

Die leichte Kreation von Inhalten („Content") durch jedermann, die sog. partizipatorische Erzeugung, verändert die Medienindustrie – das Monopol der Masseninformation ist gefallen. Hier haben wir ein Paradoxon in der Kommunikationsindustrie: Auf der technischen Seite werden die vier Hauptkanäle integriert zum „Quadruple Play":

- Festnetztelefon,

- mobiles Telefon,

- TV, und

- Internetzugang mit den Internetdiensten wie Google, Wikipedia oder YouTube

kommen physikalisch zusammen. Auf der Seite der menschlichen Kommunikation entwickelt sich dagegen die Vielfalt der Medien weiter. Dies bedeutet für viele Menschen die Bedienung der verschiedenen Kanäle gleichzeitig und eine menschliche Zerreissprobe, um mit der sogenannten ständigen verteilten Aufmerksamkeit (Continuous Partial Attention, Linda Stone 1997/2006) fertigzuwerden. Dies ist eine Steigerung zum bisherigen Multitasking, der raschen Folge oder nahezu parallelen Ausübung verschiedener Tätigkeiten. Informationstechnologie und Informationssoziologie fahren fort, die Arbeitswelt und die Medienlandschaft zu verändern.

Im Web wird die menschliche Aufmerksamkeit zur kritischen, weil knappsten Ressource und im wahrsten Sinn des Wortes Geld wert: Dies ist die Grundlage des Geschäftsmodells vieler Internetunternehmen, allen voran Google, zur Finanzierung durch Werbeeinnahmen. Das Web 2.0 wird damit die Realisierung eines neuen Wirtschaftssystems, der Aufmerksamkeitsökonomie oder Attention Economy, von Herbert Simon schon 1971 vorhergesagt. Der Markt besteht auf der einen Seite aus dem Angebot einer Informationsflut mit Millionen (wie bei Wikipedia und bei Blogs) oder gar zehn Milliarden Dokumenten (wie bei Google mindestens), auf der anderen Seite aus einer sehr grossen Zahl von Menschen, die nur wenige Stunden volle Aufmerksamkeit pro Tag und pro Kommunikationskanal zur Verfügung haben. Zur Auswahl stehen dann das Fernsehen, das Internet, das mobile Telefon direkt oder die SMS-Nachrichten, E-Mail, Computerspiele und – last not least – die menschliche Kommunikation von Gesicht zu Gesicht!

Zum Web 2.0 gehört auch die leichte Erstellung von Anwendungen in der Form von Ad-hoc-Anwendungen (Situational Applications) und Mash-ups. Webdienste oder allgemeine grobkörnige Anwendungen können von Laien oder Semi-Professionals zu neuen Werten zusammengesetzt werden: Dabei bedeutet Mash-Up ursprünglich die Verknüpfung unterschiedlicher Musikstücke zu einem neuen (hoffentlich wertvollen!) Opus. Einfache Mash-ups sind z.B. Anwendungen, die geographische Information wie einen Stadtplan mit einer anderen Datenquelle, etwa dem Polizeibericht, verbinden und daraus eine neue Aussage gewinnen, hier die aktuelle Übersicht der Einbrüche der letzten 24 Stunden in dieser Stadt.

In wenigen Jahren könnten Mash-Ups in Unternehmen die dominierende Art zu programmieren werden. Die klassische Unternehmenssoftware entsteht professionell aber langwierig mit Projektplänen, Entwicklungsprozessen und vielen Tests als Qualitätsprodukt (man spricht von „industrial strength software"). Der Hauptvorteil von Mash-ups dagegen ist die Schnelligkeit, mit der eine Idee umgesetzt werden kann, eventuell wieder mit höherem Risiko in Bezug auf Sicherheit und der Skalierbarkeit auf eine sehr grosse Nutzerzahl.

Damit fällt ein weiteres Monopol: Das Monopol der Softwareprofessionals, effiziente, unternehmerisch brauchbare und erfolgreiche Anwendungen zu schreiben. Durch das Anheben der Programmierung auf die Modellebene können prinzipiell schon Mitarbeiter auf der Fachebene programmieren, mit Lego-Software und Mash-ups kann oder könnte es nahezu jedermann. Es wäre, wie der Journalist Martin LaMonica 2007 schrieb, „Programmierung für die Massen".

Zwischen professioneller Softwareentwicklung im klassischen geschlossenen Stil und dem Web 2.0 sind dabei viele Gruppenmechanismen für Softwareentwickler realisiert und im Trend: von Open Source (wie erwähnt, siehe www.eclipse.org) über die frühe Freigabe von Prototypen an die entsprechende Gemeinde der Fachleute (wie bei www.alphaworks.ibm.com) bis hin zu globalen Programmierwettbewerben im Web für den besten Nachwuchs (www.topcoder.com).

5 Digitale Gemeinschaften (Communities) und virtuelle Welten

5.1 Soziales Computing

Bei persönlicher „Face-to-Face"-Kommunikation wird oft gleichzeitig auf verschiedenen Kanälen kommuniziert, dafür begrenzt durch unsere bescheidenen Fähigkeiten und durch die Natur oder die Physik. Die IT ist dabei, diese Grenzen aufzuheben – das Web 2.0 ist die wichtigste soziotechnologischen Bewegung in diesem Umfeld. Aktuelle Aufgaben der IT im sozialen Bereich sind etwa:

- die soziale Vertiefung der elektronischen Kommunikation im persönlichen Bereich, in kleinen Gruppen und in grossen Teams von globalen Unternehmen,

- das Auffinden von Experten und Expertise im Unternehmen oder einer Gruppe,

- die Motivation zur Innovation und für kulturelle Änderungen.

Einige dieser Aufgaben sind die Weiterführung der bekannten Disziplin des „Knowledge Managements".

Die Analyse von sozialen Netzwerken (Social Network Analysis, SNA) ist ein wichtiges Werkzeug und ein Trend: SNA lässt sich zunehmend automatisieren und in die Arbeitsumgebungen einbauen. Quellen der Information können die Adressaten (und die Betreffs) von E-Mails sein oder freiwillig weitergeleitete Information: Experten in einem Gebiet lassen ihre Kollegen an besonders treffender Information über spezielle Systeme teilhaben mit Hilfe von „Social Tagging" (gemeinschaftliche Markierungen oder „Eselsohren"). SNA liefert das eigene Bild im Netzwerk, die gesuchten Experten, die Knoten und die Flaschenhälse in der Organisation. Ein Beispiel zeigt Abbildung 5-1.

Die Analyse zeigt die Konnektivität (oder fehlende Konnektivität) auf: die zentralen Personen für den Erfolg des Verkaufsteams, des Grossunternehmens als Ganzem oder die Innovatoren einer ganzen Region wie des Silicon Valley oder der Greater Zurich Area. Für das Unternehmen kann eine Konsequenz der Analyse eine Umorganisation sein, die sich besser den Arbeitsflüssen anpasst, oder der Ausbau einer Abteilung für eine bestimmte Expertise.

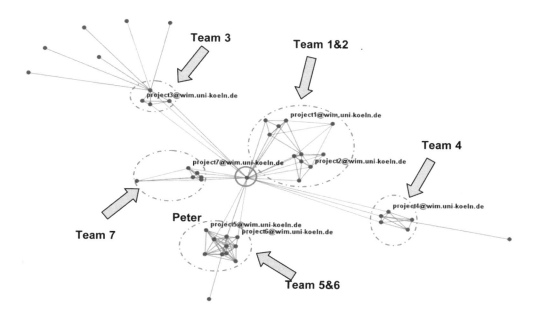

Ein besonderes Beispiel, das die Wirksamkeit von sozialem Computing für grosse Gruppen zeigt, ist das Jam-Verfahren, das „Brainstorming for the Masses". Ein Jam ist eine sanft gesteuerte und zeitlich begrenzte Diskussionsrunde zu einem Themenkreis. Themen sind typischerweise aus dem Interessensgebiet von Veranstalter und Teilnehmern – in einem Unternehmen z.B. die Unternehmenswerte und die zukünftige Ausrichtung (z.B. der „Innovations-Jam" der IBM 2006), extern etwa Umweltfragen („Habitat Jam" des World Urban Forum 2005, Bericht 2006). Mit IT und einem begleitenden Expertenteam gelingt es, auch Hunderttausend Menschen zur Interaktion zu bringen und mit dem Jam und seinen Ergebnissen zu identifizieren. Beim Habitat-Jam diskutierten im Zeitfenster von 72 Stunden über 39'000 Menschen aus 190 Ländern die Probleme der grossen Städte. Dabei berichten 91 %, dass der Jam ein grossartiges Ereignis und Erlebnis für sie war und dass sie sich in die Diskussion der Zukunft einbezogen fühlten. Wir erläutern den „Innovations-Jam" im Kapitel „IT und Innovation".

5.2   Entwicklungsstufen der Zusammenarbeit

In der Gesellschaft gibt es eine Vielzahl gemeinschaftlicher Tätigkeiten, sowohl schwach strukturierte (wie etwa allgemeines Lernen oder einfach Abteilungsmeetings) oder stark formalisierte (wie etwa professionelle Softwareentwicklung). Zusammenarbeit ist zum Erreichen des gemeinsamen Ziels notwendig – dem erfolgreichen Abschluss („Shipping") des Softwareprojekts, dem Erfolg des Unternehmens oder des eigenen Teams. Wir unterscheiden – aus der Sicht der IT – drei Ebenen der Zusammenarbeit: 0.0, 1.0 und 2.0, die im Folgenden näher erläutert werden.

- Stufe 0.0: Die Gemeinschaft arbeitet am selben Ort zusammen, etwa in einem Seminarraum. Elektronische Unterstützung wird nur sehr begrenzt eingesetzt (wie Powerpoint-Vorlagen und MindMaps), es bleibt im Wesentlichen der Bereich klassischer Techniken wie Flipcharts und Pinnwänden. Dazu kommen soziale Verfahren wie z.B. Unkonferenzen (die Teilnehmer bestimmen den Ablauf selbst) oder einfach ein formloser Treffpunkt wie eine Kaffeebar mit kostenlosen Softdrinks (im Amerikanischen der „Water Cooler"),

- Stufe 1.0: Verwendung der klassischen IT-Technologien wie E-Mails und gemeinsame Projektdatenbanken über zentrale Server, die synchrone und asynchrone Zusammenarbeit über Distanzen ermöglichen,

- Stufe 2.0: direkte interaktive Zusammenarbeit der Menschen untereinander, z.B. im Sinne von Web 2.0, dem „partizipatorischen Web". Trotz der Distanz entstehen eventuell ein Zusammengehörigkeitsgefühl und ein Flow-Erlebnis.

Die IT-Kanäle zur Kommunikation bewirken verschiedene Intensität der Zusammenarbeit und bauen jeweils in verschiedenen Graden Vertrauen auf.

Persönliche E-Mails, konventionelle Telefongespräche und Instant Messaging („Nachrichtensofortversand") bauen Vertrauen auf als Kommunikation über persönliche Medien. Instant Messaging ist dabei eine einfache, aber sehr erfolgreiche IT-Technologie von besonderer Art: Dieses Verfahren wird besonders für „leichte" Meta-Kommunikation verwendet wie für Fragen vom Typ: „Kann ich dich anrufen, bist du frei?" oder „Warum kommst du nicht in den Konferenzcall, wir warten". In einer Statusliste, der „Buddy"-Liste, sind eventuell Hunderte von Kolleginnen und Kollegen irgendwo aus dem Unternehmen in ihrem Status sichtbar („ich bin am Computer, klicke mich nur an", „bin gerade abwesend, aber in der Nähe" oder „nicht stören"). Natürlich muss das Netz jede Statusänderung für jede Buddy-Liste und jede Nachricht über ein Serversystem kommunizieren.

Am anderen Ende der vertrauensaufbauenden Skala stehen Faxkommunikation und (bisher) Videokonferenzen (Markus Fehr, 2006).

Das Ziel des sozialen Computings und der sozialen IT ist eine intensive und interaktive Zusammenarbeit. Der „Flow" nach Mihaly Csikszentmihalyi (1995) ist der Extremfall der Produktivität für Einzelne wie für Teams: Es ist der euphorische Zustand eines Menschen (oder eines Teams) in einer kontinuierlichen Folge von Erfolgserlebnissen.

Damit ist Flow wohl recht genau das Gegenteil der oben erwähnten „ständigen verteilten Aufmerksamkeit" auf mehrere Medienkanäle gleichzeitig.

Tätigkeit	Stufe 0.0 (am gleichen Ort)	Stufe 1.0 (individuell)	Stufe 2.0 (interaktiv)
Professionelle Softwareentwicklung	Teammeeting, Gespräch	Zentrale Bibliotheken und Versionssysteme	Integriertes System wie Jazz
Zusammenarbeit im Unternehmen	Teammeeting, Gespräch	E-Mails, Instant Messaging, Audio-/Video-konferenzen	Jams, Second Life?
Spiele	Brett- und Kartenspiele	Computerspiele	MMORPGs

Tabelle 5:   *Stufen der Interaktivität in verschiedenen Bereichen der menschliche Zusammenarbeit (Quelle: IBM, 2006).*

An drei Beispielen zeigt die Tabelle 5 den wachsenden Grad der erreichten (digitalen) Interaktivität. Ohne Zweifel sind die Spiele vom Typ MMORPG (Massively Multiplayer On Line Role Playing Games) wie „World of Warcraft" auf dieser Skala am weitesten fortgeschritten. Dieser Typ von Computerspielen baut langlebige virtuelle Welten auf, in denen Tausende von Spielern spielen, miteinander und gegeneinander, in gewählten Rollen als Einzelspieler und in Gruppen oder Gilden. Ein drastischer Beweis für den möglichen „Flow" der Teilnehmer sind asiatische Spieler, die am Computer beim Spiel verhungert sind. Das Flow-Erlebnis war stärker als der Hunger.

Die Stufen sind dabei durchaus nicht als Überwindung der vorhergehenden Ebene zu sehen: Persönliche Meetings (und Geschäftsreisen, zumindest an attraktive Orte) bleiben notwendig und aktuell, und die Fähigkeit, sich in „physischen" Gruppen zu behaupten, bleibt wichtig für jede Karriere. Die Gesetze und Techniken der 0.0-Welt bestehen weiterhin (wie Typenanalyse, Führungsaufgaben oder Lösung von Konflikten), werden aber in die lockerere 2.0-Welt übertragen.

Andererseits sind die Struktur und das Funktionieren dieser MMORPG-Spiele (oder in leichterer Version etwa die Zusammenarbeit des Wikipedia-Konsortiums und der Gemeinde der Artikelautoren) ein Blick in die Zukunft der Unternehmen:

Ein Kernteam liefert die Infrastruktur, bestimmt Strategien und Regeln des Unterneh-mens, und die Spieler spielen. Sie versuchen, Punkte zu machen und bei ihren Spieler-kollegen Anerkennung zu gewinnen. Die Gruppen im Spiel arbeiten weniger auf Grund fest vorgegebener Hierarchien zusammen, sondern eher wie Zünfte (Gilden oder „Guilds") von Gleichberechtigten.

Abbildung 5-2: *Das Projekt Jazz (Open Source Eclipse und IBM Rational): Die Gemeinschaft der Softwareentwickler entwickelt selbst die Werkzeuge für eine enge Verzah-nung der Arbeit. Grundlage sind die Erfahrungen in der Entwicklung des glo-balen Eclipseteams (IBM Rational).*

Das Open-Source-Projekt Jazz/Eclipse (Abbildung 5-2) zeigt hier den Trend: Grosse Software entsteht in Zukunft in einer Arbeitsumgebung, in der die Aufgaben, der Status der Arbeit und der Status der Programmierer, inklusive ihres gegenwärtigen Orts und ihrer persönlichen Verfügbarkeit, und die Arbeitsprozesse zu einem System für die Lebensdauer des gesamten Systems zusammenwachsen. Jedes Mitglied im Team, insbesondere auch etwa der Leiter, kann die aktuellen Tätigkeiten der anderen sehen, die anstehenden Probleme, ja den „Gesundheitszustand" des Projekts als Ganzes. Dazu gehört auch die gegenseitige enge Kommunikation im Team. Das Eclipse-Entwicklungsteam selbst ist ein erfolgreiches Beispiel eines solchen transparenten, weltweit verteilten Hochleistungsteams. Sicher werden diese neuen Umgebungen auch neue Methoden des Personalmanagements erfordern. Motivation, Führung, Anerkennung und Wohlbefinden sind in derartigen, eng gekoppelten Teams, in denen die Leistung total transparent wird, eine Herausforderung für eine neue Personalführung, aber auch für die Mitarbeiter. Die Arbeit ähnelt im Erfolgsfall mehr einem mitreissenden interaktiven Computerspiel als der klassischen ruhigen Arbeitswelt!

5.3   Virtuelle Welten und die reale Welt

Der Vergleich einer modernen Arbeitswelt (wie eines Softwareentwicklungsteams) oder eines modernen Unternehmens mit Computerspielen passt am besten zu Computerrollenspielen mit vielen Teilnehmern, den MMORPGs. Arbeit wie Computerspiele haben ausgeklügelte Regelsysteme mit klaren Bewertungen und Kriterien: Im erfolgreichen Manövrieren innerhalb der Regeln und im Sinne des Spielziels liegt die Hauptmotivation der Spieler, verbunden mit der Anerkennung durch Mitspieler – die Spielwelten sind soziale Systeme. Diese Spiele werden der realen Arbeitswelt so ähnlich, dass umgekehrt Spieler berichten, wie ihnen die Spielerfahrung mit virtuellen Teams im realen Management geholfen hat (IBM, 2007). Das erwähnte Spiel „World of Warcraft" (Welt der Kriegskunst) ist wohl das erfolgreichste Computerrollenspiel, ein komplexes Spiel mit 70 Spielerniveaus, bei dem im Jahr 2007 die Zahl der Spieler die Neun-Millionen-Grenze überschritten hat.

Auch die Hauptkritikpunkte sind in der realen wie in der virtuellen Welt ähnlich:

- Die intensive Beschäftigung wird zur Sucht,

- das Leben in den virtuellen Welten entwickelt sich unabhängig von Einzelpersonen weiter, erfordert das Mitgehen und verringert die Selbstbestimmung.

Als Vorteil der spielerischen Welten wird das leichtere Experimentieren und damit das Lernen des Eingehens von Risiken angesehen – auch hier eine Richtung moderner Teamtechniken. Zur klassischen Spaltung der Gesellschaft durch den digitalen Graben („Digital Divide") – der Trennung in computererfahrene Menschen und Computeranalphabeten – kommt die Trennung in erfahrene Spieler und in Aussenstehende. Spielerfahrung und Spielerfolge scheinen durchaus ein Vorteil bei Bewerbungen bei Firmen zu werden im Sinne einer digitalen Zertifizierung.

5.3.1   Virtuelle Welten

Allgemein sind virtuelle Welten oder „Metaversen" (nach einem Ausdruck aus dem Roman „Snow Crash" von Neil Stephenson 1992) dreidimensionale simulierte Welten zum „Eintauchen", zum Erleben. Dieser Roman lieferte visionär die Grundideen und einige Grundbegriffe – einschliesslich des „Avatars", der Repräsentation einer Person in der virtuellen Welt. Die Abbildung 5-3 im Farbanhang zeigt drei Avatare mit verschiedener Ausstrahlung und verschiedener Positionierung zwischen realer und virtueller Welt.

Virtuelle Welten sollten rund um die Uhr eine zuverlässige Welt als Grundlage zur Verfügung stellen, in der genau festgelegt ist, was beständig ist und was verändert werden darf (und kann). Die soziale Welt ist mehr oder weniger geregelt in diese Strukturen eingebettet.

Die beste physikalische Umgebung zum Erleben „richtiger virtueller Realität" wäre eine Cave, die noch immer recht kostspielige virtuelle Rundumumgebung, z.B. mit sechs Projektoren. Heutige virtuelle Welten basieren auf „3D auf 2D" – der pseudodreidimensionalen Darstellung auf dem zweidimensionalen Bildschirm. Bereits der bescheidene Anfang der virtuellen Welten mit textbasierenden Systemen vor mehr als 10 Jahren zeigte die Attraktivität der Verbindung von soziologischen und technischen Elementen. Heute gehen wir durch die dritte Welle von virtuellen Welten mit z.B. World of Warcraft und Second Life. Second Life, die wohl erfolgreichste virtuelle Welt, ist dabei kein Spiel im strengen Sinn: Es ist eine Plattform und ein Bausystem für das eigenständige Aufsetzen von virtuellen Bauten und virtuellen Menschen mit wirtschaftlichen und sozialen Elementen. Millionen von freiwilligen und unbezahlt geleisteten Arbeitsstunden haben diese Welt mit aufgebaut. Die Daten vom September 2007 waren:

- 10 Millionen Bewohner (Residents) mit Avataren insgesamt,
- 500'000 Besucher im Monat September, die
- 24 Millionen virtuelle Stunden dort verbracht haben.

Zu den grundlegenden Eigenschaften von virtuellen Welten wie

- Repräsentanz von Personen (von sich selbst) als künstliche Identitäten (oft im anderen Geschlecht, i. Allg. schöner dargestellt als im ersten Leben),

- Bau von raumfesten Konstruktionen wie Gebäuden,

- Bau von beweglichen Konstruktionen (Objekten),

- Wechselwirkung und Kommunikation untereinander

kommen bei Second Life als Ursachen für den (bisherigen) „Hype" gerade dieser virtuellen Welt hinzu:

- Technologie von verbesserter Qualität auf der Serverseite (der Server speichert und „managed" die Welt und „strömt" und synchronisiert die Objekte) und auf der Klientenseite (die die lokale Grafik erzeugt) sowie

- ökonomische Aspekte – d.h. die Gelegenheit zu realem Verdienst und realer Ökonomie in der virtuellen Welt.

Second Life ist unbestritten ein grosses technisches und soziologisches Experiment, an dem die Eigenschaften virtueller Welten (und damit realer Welt) studiert werden können. Technisch ist das Second-Life-System an Grenzen angelangt, sowohl die Technologie auf dem „fetten" Klienten wie diejenige auf den Servern im Hintergrund – beinahe im Softwarejargon eine sogenannte „Sumo-Hochzeit". Die Technologie sollte besser skalierbar sein auf grössere aktive virtuelle Bevölkerungen, mehr Avatare pro Insel sollten möglich sein, aber auch insgesamt in der Welt. Auch die virtuelle Welt hat Energieprobleme: Der Energieverbrauch pro aktivem Avatar im heutigen System ist zu hoch und hat schon zu Polemiken geführt wie „ein Avatar braucht ja mehr elektrische Energie als ein Brasilianer (Mensch)".

Die Verbesserung der Erfahrung der Virtualität durch bessere Grafiken wird möglich durch die Einbindung moderner Spielcomputer wie der Playstation 3 mit dem CELL-Prozessor. Eine derartige mögliche Entwicklungsrichtung ist der „Gameframe" – die Verbindung von bester Grafik mit der extrem zuverlässigen und nach oben skalierbaren Mainframe-Plattform.

Wirtschaftlich wird sich das Business-Modell von Second Life noch beweisen müssen, wenn sich stabile Verhältnisse mit massvollem Wachstum eingestellt haben – in den Zeiten des exponentiellen Wachstums wirkt es noch im Sinne eines Schneeballsystems wie eine Wirtschaftsspekulation, im virtuellen wie im realen Leben.

Softwaretechnisch schafft die Virtualität dieser Welten neue Freiheitsgrade, die in den nächsten Jahren erforscht werden müssen, etwa in Bezug auf diese Themen:

- Sicherheit und Kontrolle der Avatare und Objekte jenseits unserer natürlichen Erfahrung, etwa: Was kann man sehen, wen hören, was kopieren? Was auf keinen Fall?

- Schutz und Bewertung der Werte, die in der virtuellen Welt selbst erzeugt werden, etwa: Welche Gesetze gelten? Müssen Steuern gezahlt werden?

- Neue Kanäle der Zusammenarbeit und Möglichkeiten für neue Dienste, etwa: virtuelle Büros, Konferenzen und Trainingscenter, aber auch Spielkasinos oder Eros-Center.

Sicherheit in virtuellen IT-Welten ist noch schwieriger als in der normalen IT Welt zu erreichen – von der „Physik" der Objekte bis zum sozialen Verhalten muss man mit Versuchen zur Manipulation (oder mit Systemfehlern) rechnen. Es fehlt zum einen eine Zertifizierung der Avatare als Vertrauensmassnahme vergleichbar dem E-Banking, zum anderen ist der Welt-Betreiber der allwissende „Grosse Bruder", der alles vermittelt und für den es im Prinzip kein Geheimnis gibt. Sicherheit ist aber unabdingbar für ernsthafte Anwendungen – auch die Sicherheit, dass die virtuelle Welt und die In-Welt-Investitionen beständig sind. Ein Übergang zu Open Source oder zu einer Stiftung wäre eine Lösung.

Eng verwandt ist die Aufgabe, die geschaffenen Werte von einer virtuellen Welt in eine der anderen (heute etwa 50) virtuellen Welten zu transportieren: Dringend müssen Standards entwickelt werden, etwa universelle Avatare.

In heutiger Technologie können Funktionen an die Avatare und andere Objekte geheftet werden – als Entwicklungstrend sind autonome („intelligente") Avatare absehbar, die sinnvolle Tätigkeiten ausführen.

Für einen grossen Teil der Weltbevölkerung ist das mobile Telefon (oder der 100-$-Computer) der digitale Zugang zum Netz und damit verfügt der erreichbare Prozessor nur über eine verhältnismässig geringe Leistung. Hier ist die Entwicklung neuer IT-Architekturen gefragt, die die Hauptlast der graphischen Arbeiten auf einem Zwischen-Server abwickeln und zum Endgerät nur die Videoströme senden. Der erwähnte Gameframe könnte diese grosse Spieleplattform werden.

Die Geschwindigkeit der Entwicklung der virtuellen Welten, insbesondere des proprietären Second Life, wird vor allem durch den wirtschaftlichen Erfolg bestimmt werden. Obwohl viele Unternehmen innerhalb virtueller Welten experimentieren und Tausende von „In-World"-Projekten existieren – IBM hat einen eigenen Geschäftsbereich „Digital Convergence" gegründet –, sind die mittelfristigen Aussichten hier umstritten. Virtuelle Welten sind ohne Zweifel eine grossartige philosophische Idee, und unbestritten ist der Erlebniseffekt durch dreidimensionalen Zugang zu Internetanwendungen, der viele klassische 2D-Menüs im Internet archaisch aussehen lässt.

5.3.2   Kommunikation und Gruppen in virtuellen Welten

Der menschliche Aspekt der virtuellen Welt mit Begegnungen und Kommunikation zwischen Avataren und damit Menschen macht dieses Medium attraktiv für die verschiedensten informellen, aber auch für formelle Zusammenkünfte.

Ein Anwendungsgebiet virtueller Welten ist und wird die Ausbildung, vom schulischen bis zum akademischen (und betrieblichen) Bereich. Heute ist dies ein Experimentierfeld mit Tausenden von Projekten, aber eine Reihe von Eigenschaften der virtuellen Welten zeugen von bleibenden Vorteilen, etwa

- die Fähigkeit, selbst etwas zu bauen, zu machen,

- die leichte Verbindung mit anderen elektronischen Medien wie Video und Internet,

- das Gefühl eines „Events", mit dem Eindruck, etwas zu erleben, mehr als nur auf der Ebene von schriftlichen Arbeiten,

- die Vertiefung der Begegnung und der Gruppengemeinsamkeit.

Die 3D-virtuelle Kunst ist eine spezielle Anwendung, und hier besonders die Stilrichtung, die nicht einfach konventionelle Kunst in die virtuelle Welt versetzt, sondern die das Potenzial, die physikalischen Gesetze zu verletzen (oder zu überwinden), und die mögliche Interaktivität mit dem Betrachter ausnützt. Dazu gehört auch (Anfang 2008 zumindest) das erste entsprechende Kunstmagazin SLART von slartmagazine.com.

Der Erfolg der „ernsten" Anwendungen von virtuellen Welten im kommerziellen und Unternehmensbereich ist für die Zukunft der „leichten" 3D-Technologien entscheidend.

Die Abbildungen 5-4 und 5-5 im Farbbildteil zeigen Beispiele für interne Firmenanwendungen: In Abb. 5-4 kommuniziert der CEO in einer entsprechenden virtuellen Umgebung – hier ein Szenario in der verbotenen Stadt Pekings – mit den geladenen Mitarbeitern. Abb. 5-5 illustriert den Eindruck einer virtuellen technischen Konferenz: Die Distanz der Teilnehmer ist aufgehoben, die Virtuelle-Welt-Technologie erlaubt zusätzliche Freiheitsgrade wie virtuelles „Herumgehen" (individuelle Kamerapositionen), den Zugriff auf Metainformation über die Teilnehmer (wer ist dies – warum ist diese Person hier), die Kombination von verschiedensten Objekten und Informationskanälen wie Video, Internet oder Powerpoint-Folien. Teilgruppen (Breakout-Sessions) werden in der Konferenz per Beaming durchgeführt: Von einem Augenblick zum nächsten befindet sich ein Teilnehmer in einer anderen Gruppe.

Allgemein können die Objekte in den virtuellen Szenen mit ganz neuen kreativen Eigenschaften versehen werden: Ein Stuhl für eine Paneldiskussion kann z.B. eine Person in hinreichender Nähe ergreifen und zum Diskussionsleiter machen.

Virtuelle Welten eignen sich wohl am besten für Kommunikations- und Gruppenformen mit einem zumindest teilweisen informellen Charakter, entsprechend den modernen Meeting-Methoden wie

- Brainstormings (Denkrunden und Ideensammlungen),
- Fishbowl-Sitzungen (mit zentralen Panels und Mitdiskutiermöglichkeit des Publikums),
- Bird-of-a-Feather-Sitzungen (lose Interessengemeinschaften),
- Unkonferenzen (spontane, sich selbst entwickelnde Sitzungen)

Ein geeignetes Beispiel aus der Anfangszeit von Second Life ist das Rekrutierungsbüro eines Unternehmens, insbesondere für junge Bewerber aus der IT- oder Medienbranche ohne Berührungsängste mit IT: In einem Pilotversuch der IBM Deutschland werden Bewerber für die erste Runde in das virtuelle Personalbüro eingeladen.

Bei all diesen virtuellen Konferenzen wird die geographische Entfernung zwischen den Teilnehmern aufgehoben, und es gibt dennoch eine Art von Erlebnis und Begegnung.

5.3.3   Virtuelle Welten, reale Welt und zurück

Die Möglichkeit, die virtuelle Welt mit der realen Welt direkt zu verbinden, ist besonders wertvoll. Diese Verknüpfung bedeutet gleichzeitig den Zugang zu existierenden IT-Anwendungen über den neuen globalen 3D-Kanal. Viele Projekte der ersten Stunde waren virtuelle Verkaufsstände, in denen Avatare virtuelle Informationen über das Verkaufsobjekt erhalten – als Video, Audio, Text oder Präsentation – und dann per Mausklick den realen Kauf auslösen. Nach den meisten Erfahrungen blieben die Umsätze allerdings begrenzt, auch wenn dieser 3D-Zugang zum Internet in Zukunft doch wesentlich werden kann.

Aber die virtuelle Welt kann unmittelbar mit der physikalischen Welt verbunden werden, mit den echten Vorgängen und Sensorwerten.

Die Abb. 5-6 im Anhang zeigt die Verknüpfung des Tennisturniers von Wimbledon bereits 2006 mit der virtuellen Darstellung: Die gemessenen realen Flugbahnen der Tennisbälle werden mit den Bewegungen der Avatare kombiniert. Der Zuschauer kann sich dabei im virtuellen Stadion bewegen und seine Sicht ändern oder auch Zusatzinformation abfragen – oder mit Werbung versorgt werden.

Eine Vielzahl von IT-Anwendungen sind Kandidaten für die Verknüpfung mit einer anschaulichen 3D-Schnittstelle. Das Bild 5-7 im Farbbild-Anhang illustriert eine ganze Reihe von diskutierten oder bereits demonstrierten Ansätzen.

Das Bild „Operations Center" illustriert in einem Unternehmen – etwa der Führungs-etage allgemein oder speziell in einem IT-Center – die aktuellen Kennzahlen des laufenden Betriebs und den benötigten Kontext, z.B. Marktpreise: Es ist die Idee eines leichtgewichtigen und interaktiven „Management Cockpits", auf das von überall zugegriffen werden kann – im Büro der Firmenleitung dann auf grossen, repräsentativen Projektionsschirmen.

Weitere Beispiele für virtuelle Leitzentralen und Managementanwendungen sind:

- Zentrale Visualisierung und Steuerung eines Logistikunternehmens mit einer Flotte von Transportern,
- Schaltzentrale eines Stromunternehmens mit dem visuellen Zugriff auf aktuelle Lastdaten und der Möglichkeit des Eingriffs,
- Energiemanagement eines Rechenzentrums mit der Verbindung zu System-anforderungen wie zum Energie- und Kühlungsbedarf,
- Verwaltung von Gebäuden, von grossen Komplexen bis zum Privathaus.

Diese Cockpits treten an die Stelle von Kollagen von Geschäftsgrafiken auf einem Bildschirm oder von Übersichten aus Ingenieursystemen. Der menschliche und (hoffentlich) recht universelle Zugang per Schnittstelle zur virtuellen Welt kann auch für kleinere Gebäude und Privathäuser den lange gehegten Wunsch zum „Smart Home" oder intelligenten Haus erfüllen. Abb. 5-8 illustriert das technische Gebäudesystem mit seinen Komponenten.

Das Gebäude mit seiner Technik – von den Jalousien, den Stromzählern und Temperatursensoren bis zur Sicherheitstechnik – wird in Second Life gespiegelt und damit zugänglich für Überwachung, optimalen Betrieb und praxisnahes Training. Ein Klick auf das virtuelle Objekt verknüpft es direkt mit dem physikalischen Objekt, etwa der Jalousie oder der Klimaanlage. Die umgekehrte Verbindung des realen Objekts wie der Jalousie zum Internet erfolgt über einen Anschlusspunkt im Raum, Haus oder Gebäude: das Gateway.

Damit könnte das Smart Home, das intelligente Haus oder Gebäude ein freundliches IT-Gesicht erhalten und nicht allein eine nüchterne Menü-Schnittstelle für Ingenieure!

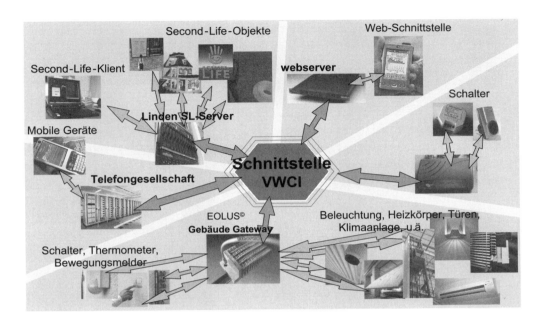

Abbildung 5-8: *Second Life für die Gebäudeautomation: Systemübersicht mit Schnittstelle VWCI (Virtual World Computer Interface) zwischen virtueller und realer Welt (Implenia).*

Auf diese Weise haben wir physikalische und virtuelle Welt in beide Richtungen verbunden: Physikalische Hyperlinks von dem Objekt der realen Welt (etwa ausgehend von einem Strichcode, mit RFIDs oder NFC-Kontakt per mobilem Telefon) über ein Gateway und das Internet führen zur virtuellen Objektbeschreibung, und umgekehrt werden Verbindungen von der virtuellen Repräsentanz (dem 3D-Bild der Jalousie) über die virtuellen Beschreibung des Objekts (der Jalousie auf der Homepage des Gebäudebesitzers zum Beispiel) durchgeschaltet zum „richtigen" physikalischen Objekt – und die Jalousie wird betätigt.

Ein nahe liegender Gedanke ist die Ausdehnung der Spiegelung von einzelnen Objekten auf die gesamte „echte" Welt, in geographischen Informationssystemen (GIS), etwa mit Google Earth oder Ähnlichem: Zu der nüchternen realen Information, etwa der Adresse eines Unternehmens, treten virtuelle Objekte wie das Unternehmen selbst, mit dem kommuniziert werden kann. Vielleicht wird eine weltweite Bewegung ähnlich Wikipedia im Wissensbereich die interessierenden virtuellen Gebäude bauen – und die Spiegelwelt wird eventuell eine einzige virtuelle Reklamefläche.

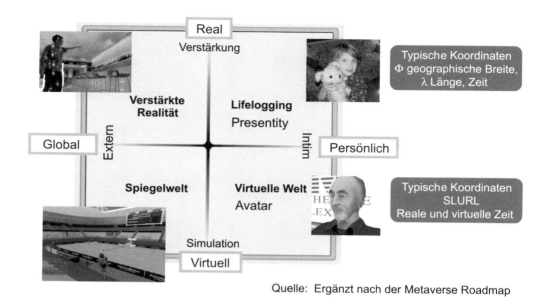

Quelle: Ergänzt nach der Metaverse Roadmap

Abbildung 5-9: *Ein Quadranten-Diagramm der verschiedenen realen und virtuellen Welten im Kleinen (Persönlichen) wie im Grossen (ergänzt nach: Metaverse Roadmap Organization, 2007).*

Die Grafik Abb. 5-9 ordnet diese Szenarien in zwei Dimensionen:

y-Richtung: der Grad der Realität bzw. Virtualität: von real über „verstärkte Realität" zur virtuellen Fantasiewelt

x-Richtung: Umfang der Computerperspektive: vom Individuum zur Welt als Ganzes.

Bei Individuen ist eine realistische IT-Lebensfunktion das Lifelogging oder das „Digital Me", das digitale Ich: die Aufzeichnung eines Lebens eines Menschen (oder eines Objekts) mit allen Seiteneffekten, vor allem das Management des „digitalen Lebens" über die Lebenszeit und die verschiedensten Medien, Videos wie Daten. Das menschliche Leben zu erfassen ist eine für uns Menschen reizvolle Entwicklungsaufgabe, die als eine der grossen Herausforderungen der Informatik gilt, als „Grand Challenge", ähnlich der erfüllten Herausforderung, den Schachweltmeister zu schlagen. Die Medizin könnte eine Triebkraft sein, alle medizinischen Daten im Lebenskontext aufzunehmen, etwa für einen Schwerkranken oder für Firmenexecutives als Ultima Ratio der technisch-medizinischen Fürsorge. Für Objekte wie Autos, Flugzeuge oder Fahrstühle ist Lifelogging ebenfalls sinnvoll und wird eingeführt werden – wenn man willens ist es zu bezahlen, oder es überhaupt möchte.

Alle vier Quadranten und Szenarien sind dabei sich zu füllen – auf der überwiegend realen Seite mit Unternehmensanwendungen wie intelligenten Stromnetzen oder Transportsystemen und mit Präsenzdiensten um das mobile Telefon herum, auf der virtuellen Seite werden echte Objekte nachgebaut oder Avatare realistisch nachempfunden oder man begibt sich in reine Phantasiewelten. Eine besondere Klasse von virtuellen Welten ist noch zu erwähnen, die künstlichen Welten der Mathematik. Computertechnik mit leistungsfähiger Visualisierung erlaubt dem Mathematiker den Zugang zu immer aufwendigeren künstlichen Welten, die nahezu real werden zu „realer Virtualität" oder „virtueller Unrealität" (Ian Stewart, 2002). In diesen virtuellen Räumen und an diesen abstrakten Strukturen können in Zukunft Mathematiker auch umfangreiche mathematische Operationen ausführen, entsprechend den heutigen arithmetischen Rechnungen auf dem Computer.

Hier noch typische Kenngrössen für diese Welten, etwa

- geographische Breite und Länge für die reale Welt,
- URLs – die Internetkennzeichnungen für logische Welten,
- Namen und Internetadressen für Einzelobjekte,
- SLURLs für die virtuelle Welt Second Life: Durch Angabe der SLURL begibt man sich (d.h. unser Avatar) direkt an den betreffenden Ort der virtuellen Welt.

Aus vielen Publikumsveranstaltungen noch eine Beobachtung zur grundsätzlichen Haltung von Menschen zur realen Welt und zu virtuellen Welten:

Eine verbreitete Einschätzung ist es, die virtuellen Welten und Computerspiele als Ablenkung von der realen Welt und als Zeitraub zu betrachten. Die Sicht der Spielerseite ist ganz anders: In der virtuellen Welt gibt es für das Ich ganz neue Möglichkeiten mit einer oder mehreren neuen oder erweiterten Identitäten („Extended Identities"), vom Fliegen bis zum machtvollen Agieren in fantastischen Welten, als Drachen, als Kommandant oder als schönes Mädchen. Die reale Welt erscheint dem Spieler wie ein spezieller Sonderfall mit unangenehmen Restriktionen.

Für manche Futurologen und Science-Fiction-Autoren gibt es noch eine weitere unwissenschaftliche Perspektive von der erweiterten Identität des Individuums als nächsten

Schritt, nämlich die Übertragung der digitalen Identität zum vollen Leben mit Bewusstsein innerhalb des Computers, den Mind Transfer oder das Uploading (George Dvorsky, 2007).

Auch auf der kollektiven Seite, der Welt als Ganzes, gibt es eine grosse (futuristische) IT-Perspektive, hier eher von philosophischem Charakter: die Idee der Noosphäre. Der Ursprung des Begriffs liegt in der Theologie von Teilhard de Chardin, der darin die Endphase der geistigen Entwicklung der Menschheit sah, in der die Menschheit und die Welt zu einem (christlichen) Weltgeist zusammenwachsen. In der Tat ist die IT als Technologie der Kommunikation und Vernetzung in einem weltlichen Sinn gerade die Technologie für die Noosphäre. Je nach Standpunkt verwendet man den Begriff in der IT bodenständig („down-to-earth") oder „spirituell": Einfach als Bild für die Milliarden verbundener Dokumente, für das Web und den Cyberspace oder für den Geist der Gemeinschaften von Programmierern, die sich in der Open-Source-Bewegung zusammenfinden.

6 Trends in Services

6.1 Der gesellschaftliche Trend zu Dienstleistungen

Die englischsprachige Wikipedia listet (März 2008) 21 Wikipedia-Artikel zum Stichwort „Service" auf, die verschiedenste Dienste beschreiben, vom öffentlichen Dienst bis zum Tennisaufschlag. Entsprechend dieser Vielfalt von geleisteten Diensten ist in der Literatur eine Vielzahl von Definitionen zum Begriff „Service" zu finden (siehe etwa Spohrer und Maglio, 2007). Wir definieren Dienstleistungen hier als professionelle Tätigkeiten, die von einem Geschäftspartner für einen anderen vollbracht werden und den Zustand des anderen wunschgemäss verändern (im Allg. verbessern). Verneinend ausgedrückt ist eine Dienstleistung „eine Tätigkeit, die kein landwirtschaftliches oder industrielles Produkt herstellt" (Paul Maglio et al., 2006).

Im Zusammenhang mit der IT sind die Gegenstände der Services

- die Produkte der Industrie, etwa ein Aufzug oder ein Kraftwerk,

- die Produkte und Systeme der IT selbst, etwa das Speichersystem oder das ERP-System oder die Textsoftware,

- die geschäftlichen Systeme und Unternehmensstrukturen inkl. der Menschen, etwa eine betriebliche Umorganisation oder eine Mitarbeiterschulung.

Die zugehörigen Dienstleistungen sind beispielsweise Presales- und Aftersales-unterstützung für Produkte, die teilweise oder vollständige Übernahme des Betriebs von Rechenzentren oder die Beratung eines Unternehmens bei der Einführung neuer Informationstechnologie.

Ein wachsender Anteil der Wertschöpfung (und der Arbeitsplätze) geht bekanntermassen in den Dienstleistungsbereich. Ein damit verbundener (höchst willkommener) Trend ist die Dematerialisierung der Tätigkeiten (d.h. der verringerte Verbrauch an materiellen Ressourcen) bis hin zur Immaterialisierung mit nicht-materiellen Diensten wie Ausbildung, Beratung, Kontroll- und Steuerfunktionen. (Den verbleibenden Energieverbrauch durch IT haben wir schon diskutiert.) Ein weiterer Trend ist die Weiterentwicklung der Dienste zu Diensten für die Dienstleister, zu Meta-Services oder Diensten höherer Ordnung: So erhalten etwa die Finanzdienstleister Auditor-Dienste an die Seite gestellt und die Auditoren ihrerseits wieder Grossauditoren. Die Wirtschaft wird damit zu einem vernetzten Ökosystem von Diensten.

Im industriellen Bereich hilft die IT beim ökonomischen Design durch die Minimalisierung des Verbrauchs an Rohstoffen und Energie bei Produktion und Wartung, dem Lagerbestand und den Lieferketten (Supply Chain). Im Bereich der IT geht es um die Einführung und den Betrieb der rasch wachsenden Computersysteme, allgemein der Anwendungssysteme von Infrastruktur bis Softwareentwicklung (Application Management Systems). Manuelles Management der IT-Systeme ist überhaupt nicht mehr durchführbar – weder gibt es die notwendige Anzahl der Operateure noch sind menschliche Reaktionen schnell und zuverlässig genug.

Das Verhältnis der menschlichen Arbeit zu der möglichen technischen Unterstützung – von Verstärkung bis zur Ablösung durch totale Automatisierung – ist die kritische Grösse im techno-sozialen System überhaupt. Die wachsenden technischen Möglichkeiten sind die grosse Triebkraft in der Umwandlung der Gesellschaft. Der Einfluss der IT im 21. Jahrhundert ist vielleicht am ehesten noch mit der Einführung der elektrischen Maschinen im 19. Jahrhundert zu vergleichen und der damit ausgelösten Innovationswelle.

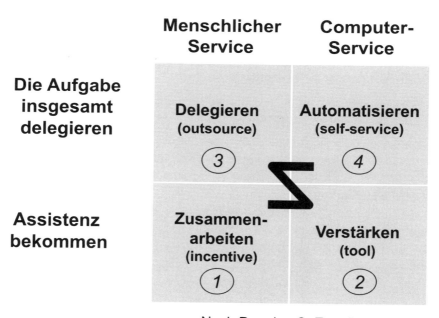

Nach Douglas C. Engelbart

Abbildung 6-1a   *Dienste und IT: ein Modell der Servicesysteme nach Douglas C. Engelbart (1963) und Jim Spohrer (2005).*

Das Schema der Abb. 6-1a illustriert die Entwicklung und die beiden wesentlichen Seiten von Diensten: die menschliche Seite und die helfenden Werkzeuge. Ein grosser Teil der Entwicklung der Wirtschaft beruht auf der Transformation von menschlichen Diensten durch (IT-)Hilfsmittel: IT hilft zunächst mit Werkzeugen zur Erhöhung der Produktivität des Dienstleisters, in der Endstufe wird der menschliche Dienstleister eventuell sogar durch die IT-Anwendung ersetzt.

Dies bedeutet einen Vorteil für die ersten Dienstleister, die so genannten First Movers, die sich jeweils neuer Werkzeuge bedienen, die Dienstleistung aber noch auf dem alten menschlichen Preisniveau anbieten können.

Der wirtschaftliche Wert des einzelnen Serviceaktes geht im Masse der zunehmenden Technisierung zurück – bei vollkommener Automatisierung ohne menschliche Arbeit de facto auf Null. Diesem Phänomen entspricht in der Literatur der Baumol-Effekt oder die „Krankheit von Baumol" (Berry Bosworth, 2003): Letztlich bestimmt der menschliche Arbeitsanteil den Wert einer Dienstleistung – etwa im Gesundheitswesen der Arzt mit seiner Arbeitszeit, in Baumols Originalarbeit sind dies die vier Musiker, die man eben benötigt, um ein Beethoven-Quartett zu spielen (es sei denn, man hört nur eine Aufnahme, die dann nur einen Bruchteil kostet).

Ein Beispiel ist der Verfall der Kosten einer Banktransaktion. Typische Kosten für eine Banktransaktion:

- am Schalter: etwa 1 $
- am Telefon: etwa 50 ¢
- am Automaten: etwa 25 ¢
- im Internet: unter 1 ¢

Andererseits folgt dem Kostenverfall häufig ein Wachstum in der Quantität, der sogenannte „Rebound-Effekt". Gerade der Preisverfall ermöglicht beim Rebounding ein Wachstum des Marktes in neue Grössenordnungen und macht die Vorhersage des Gesamtvolumens einer solchen Entwicklung schwierig – es entspricht der Aufgabe, den Grenzwert von $0 * \infty$ zu bestimmen!

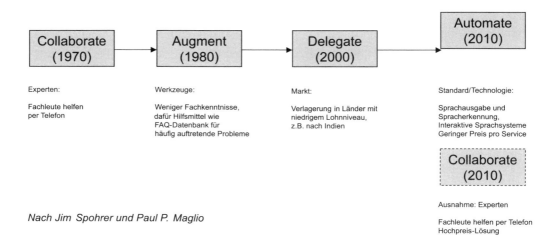

Abbildung 6-1b: **Die Stufen der Entwicklung von Services am Beispiel der Callcenter-unterstützung nach Jim Spohrer (2005)**

Ein anderes Beispiel ist die Entwicklung des Kundenservice per Telefon (Abb. 6-1b) mit immer mehr IT – wenn auch ein nicht immer geliebtes Verfahren:

- Rein menschliche Gesprächshilfe (aus dem Heimatland oder z.B. aus einem Niedriglohnland wie Rumänien oder Indien),

- menügeführte Dialoge („wenn Sie eine Frage zu A haben, drücken Sie die ‚1'", usf.),

- Hilfe für den Agenten durch die Wissensbasis der bisher gestellten Fragen und Antworten: das CRM-System schlägt dem Call-Center-Agenten eine wahrscheinliche Lösung des Kundenproblems vor,

- intelligenter Selfservice des Kunden inklusive Erkennung der natürlichen Sprache und des natürlichsprachigen Dialogs.

Diese Beispiele verlagern die verbleibende Tätigkeit zum Kunden: Der Kunde wird involviert bis zur Durchführung des Dienstes selbst. Die Alternative, einen persönlichen Service zu nutzen, d.h. mit dem Call-Center-Agenten direkt zu sprechen, bleibt im Allgemeinen bestehen, aber zu einem hohen Preis. Diese gesellschaftliche Aufspaltung (Bifurkation) in preiswert und hochpreisig bzw. arm und reich finden wir häufig bei IT-Produkten und Diensten.

Der Kern der Anwendung besteht im Umgang mit und in der Analyse von Information: Hier kann IT nicht nur die Kosten reduzieren, sondern auch in vielen Fällen den Umfang der gehandhabten Informationen drastisch erhöhen – im Call-Center-Beispiel etwa Millionen ähnlicher Fälle in der Erfahrungs-Datenbank durchsuchen oder mathematische CRM-Analytik verwenden.

IT erlaubt dem Kundenservice massgeschneiderte Geschäftsmodelle, etwa für die Produktservices eines Kran- oder Fahrstuhlherstellers: Der Kunde kann

- das Produkt kaufen und als Service einen Wartungsvertrag abschliessen,

- Das Produkt beziehen und bezahlen pro gehobenen Tonnenmeter oder Personenstockwerk (und muss sich nicht um die Wartung kümmern),

- das gesamte Hebe- und Liftgeschäft dem Kranunternehmen übergeben, also die Aufgabe „outsourcen".

Moderne Softwareentwicklung kann diese Flexibilität ermöglichen.

Die erwähnten intelligenten Stromnetze erlauben neue Services um das Produkt „elektrische Energie". Der Grad des Services kann hier in Form eines Konsumentenmarktes für die elektrische Leistung zur Bildung eines optimierten kollektiven Systems der Servicenehmer führen:

- Strombezug ohne weiteren Service (allein durch Ein-/Ausschalten nicht notwendiger Verbraucher), eventuell Strombezug mit starren Zeiten (wie etwa Nachtstrom für die Waschmaschine),

- Einschalten und Steuern von Geräten beim Kunden vom Versorger aus, eventuell Beratung, z.B. durch detaillierten Überblick des Verbrauchs oder durch Einblick in den Verbrauch ähnlicher Kunden als eine partizipatorische Web-2.0-Anwendung,

- laufend Bildung eines Verbraucher- und Lieferantenmarktes mit dem Endverbraucher: Der Verbraucher gibt seine Preisziele und seine Präferenzen ein, die Lieferanten (mit den verschiedenen Stromerzeugern und -speichern) ebenfalls – ein Clearinghaus bestimmt z.B. alle fünf Minuten den Markt mit den wirtschaftlichen Konditionen der Stromerzeugung und des Strombezugs inklusive dem Zuschalten und Abschalten.

Die IT-Steuerung der gesamten Lieferkette erlaubt auch die gesamte Optimierung inklusive bewusstes Herunterfahren des gelieferten Stroms als „Brown-out" bei nichtbezahlter Rechnung oder bei Lieferengpässen.

Die IT verändert damit nicht nur die Lieferantenseite, sondern auch die Angebotsseite und die Märkte, nicht nur die Preise, sondern die gesamten Spielregeln. Kunden sind informierter, wenn sie sich die Zeit für Information nehmen – oder sie agieren nach dem Motto „Augen zu und durch". Dienste und Produkte können von weit her angeboten werden und sich trotz einer kleinen Marktdurchdringung (einer Marktnische) für beide Seiten lohnen; für den Nischenlieferanten wieder im Sinne des Grenzwerts von 0 * ∞. Durch IT entsteht das Potenzial für viele hochspezialisierte Produkte und Dienstleistungen auf dem Markt, die man als Ausläufer oder „Long Tails" der Marktstatistik sieht.

Findet ein Dienst eine sehr grosse Anzahl von Kunden, dann ergibt sich die Chance für ein Redshift-Unternehmen wie im Abschnitt 2 diskutiert: Das Redshift-Unternehmen zieht in einem bestimmten Geschäftsbereich alle Dienste an sich und bietet als Mehrmieter-System (Multi Tenant System) dazu die fachliche Infrastruktur an, sei es für Information (Google), Videoclips (YouTube), Bücher (Amazon), Handel (eBay) oder Kundenmanagement (Salesforce.com). Als Nächstes versucht das Unternehmen weitere verwandte Dienste zu gewinnen und in neue Grössenordnungen zu wachsen.

Für die Service-Industrie bedeutet der preisliche Niedergang eines Dienstes im Laufe der Zeit – die Entwicklung zur Commodity im Jargon – die unaufhörliche Suche nach Innovation, nach neuen Diensten oder Varianten, und nach helfenden Technologien, die einen temporären Vorsprung vor dem Konkurrenten bedeuten. Die dynamische Entwicklung der IT ist natürlicherweise die Haupttriebkraft der Serviceinnovation.

Eine andere Konsequenz des Baumol-Effekts – der letztlichen Reduktion der Wertschöpfung auf die menschliche Arbeit – ist die Verschiebung zu höherwertigen Diensten. Dies bedeutet zum einen den Trend zu technischen und unternehmerischen Beratungen als Innovationsservice, zum anderen den strategischen Versuch, neue Technologien aus dem Forschungs- und Entwicklungsbereich systematisch in Kundenprojekte einzuführen. Die Einführung einer Innovation als Service anstelle eines zu kaufenden Produkts hat für das Serviceunternehmen und den Kunden Vorteile:

- Die Zeit von der Erfindung zur Einführung (die „Time-to-Market") wird reduziert,

- an die Stelle einer aufwendigen, langwierigen und risikoreichen Produktentwicklung tritt ein Kundenprojekt, das eventuell vom Kunden selbst finanziert wird,

- beide Seiten können sich nach dem Piloten für oder gegen die Weiterführung entscheiden.

Für einen grossen Dienstleister ist es wesentlich, neue Technologien als Bausteine so rasch und so systematisch wie möglich global einzusetzen. Am Beispiel IBM, dem grössten Dienstleister weltweit im IT-Bereich, wird diese Art Innovationseinführung durch eine Brückenfunktion ODIS (On Demand Innovation Services, IBM, 2007) zwischen Forschung und Beratung realisiert. Als Grundlage dient eine weltweite, firmeninterne Datenbank mit mehreren Hundert Forschungs- und Entwicklungsprojekten von geeigneter Reife für eine Anwendung in einer beschränkten Anzahl von Kundenprojekten.

Im Folgenden betrachten wir zwei prinzipielle Trends in Services:

- Mathematische Unterstützung in grossem Stil,

- Verstärkung der menschlichen Einsichtsmöglichkeiten durch die Visualisierung grosser Datenmengen.

Diese beiden Trends ergänzen sich: Die Wege der umfangreichen numerischen Analysen mit Millionen und Abermillionen von Rechnungen sind für uns Menschen nicht nachzuvollziehen, die Visualisierung dagegen eröffnet dem Menschen die Interpretation. Damit stehen diese Trends auch für zwei andere Trends in Services: die durchgehende Verwendung von IT zum einen und die Betonung der menschlichen Fähigkeiten zum anderen. Die Symbiose von IT und menschlicher Einsicht ist nicht nur eine menschenfreundliche Kombination, sondern auch noch immer erfolgreicher als IT und sogenannte künstliche Intelligenz allein.

6.2 Mathematik und IT: mathematische „Business Optimization"

Mathematik, Naturwissenschaften und Computer sind eine Allianz von Anbeginn an: seit den ersten numerischen Experimenten mit nichtlinearen Systemen von Enrico Fermi 1953 (dem Fermi-Pasta-Ulam-Experiment), den Untersuchungen von Benoit Mandelbrot (zur Chaostheorie und fraktalen Geometrie) etwa 1970 bei IBM oder dem formalen Beweis des Vierfarben-Theorems durch Kenneth Appel und Wolfgang Haken 1976.

Die verstärkte Anwendung von Mathematik auch für geschäftliche Abläufe („Operations Research") ist ein Trend, der durch Ursachen hervorgerufen wird wie:

- unermessliche Datenmengen in Unternehmen, einschliesslich der Daten aus der physikalischen Welt von Sensoren: viele Grossunternehmen sammeln Petabytes von Daten pro Jahr;

- immer leistungsfähigere Rechner, von PCs bis zu den Supercomputern, die auch umfangreiche Probleme angehen können;

- neue stochastische Methoden und Werkzeuge, die es erlauben, sich flexibel an vielseitige Kundenaufgaben anzupassen und auch seltene Ereignisse zu erfassen, zu modellieren und zu simulieren; damit können auch Korrelationen oder kausale Effekte in komplexen Umgebungen verstanden werden.

Verstehen heisst hier: Es können Geschäftsvorgänge optimiert, personalisiert (d.h. speziell auf den Kunden zugeschnitten) und vorhergesagt werden, so genau es mathematisch beim vorgegebenen Wissen über diesen Kunden und vergleichbare Kunden („evidence based") überhaupt möglich ist. Die Vorhersage erfolgt nicht nur analytisch (d.h. mit direkter Berechnung, das wäre die Ausnahme), sondern mit dem Netzwerk der gesamten Möglichkeiten von Zuständen und den zugehörigen Übergangswahrscheinlichkeiten. Die Abb. 6-2 zeigt an einem Modell die Übergänge in einem Kundensystem, etwa der Kundenbasis einer Fluggesellschaft.

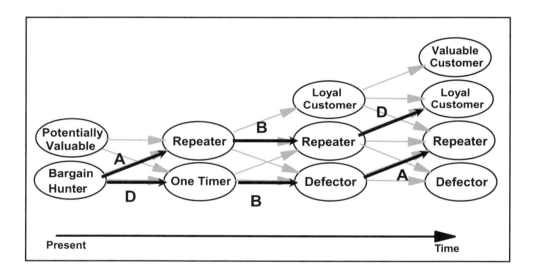

Abbildung 6-2:   *CELM – ein mathematisches Modell eines Kundensystems. Die Zustände entsprechen Kundentypen, die Pfeile den möglichen Übergängen und zugehörigen Marketing-Aktionen. Das mathematische Modell versucht, die Erfolgschancen vorherzusagen (IBM Zürich, 2005).*

Jeder Knoten in diesem System CELM (Customer Equity Lifecycle Management) entspricht einem möglichen Status des jeweiligen Kunden zu einem Zeitpunkt seines „Kundenlebens": In dieser Anwendung gibt es z.B. Schnäppchenjäger („bargain hunters") – d.h. wohl weniger erwünschte Kunden – und auch wertvolle Kunden (loyale Kunden und „high value customers"). Jeder Pfeil entspricht der Erfolgswahrscheinlichkeit einer CRM-Aktion und damit einem potenziellen Wertzuwachs. Die

Mathematik bestimmt, wer während der nächsten Marketing-Kampagne mit welchem Angebot angesprochen wird. Gewünschtes Ziel ist die optimale Ausnützung des Marketing-Budgets bei gleichzeitiger höherer Kundenzufriedenheit.

Andere Optimierungen haben ähnliche Erfolge: So reduziert stochastische Mathematik die Lagerbestände von Produzenten und Händlern (und damit das gebundene Kapital) bei kürzeren Lieferzeiten. Das mathematische Modell dieser sog. Bayes-Netze wird in Zukunft auf andere Systeme übertragen werden, etwa auf die Behandlung von Patienten im Gesundheitswesen: Auf der Grundlage ähnlicher Patientenzustände kann die Mathematik die optimale Behandlung bestimmen. Im Prinzip wäre es in Zukunft möglich, auch einem Studenten in einem solchen Modell die Wahrscheinlichkeit des Erfolgs seines Studiums mathematisch vorherzusagen.

Die Liste der adressierten stochastischen Probleme im Geschäftsleben ist nahezu unerschöpflich – hier einige Beispiele:

- Überbuchungen und Noshows (nicht erschienene, aber gebuchte Fluggäste) im Flugverkehr,

- Optimierung der Flugpläne inklusive der Einsatzpläne der Besatzungen und Flugzeuge (in nahezu Echtzeit),

- Maximierung des Ertrags eines Portfolios von Geldanlagen,

- Zusammensetzung der Belegschaft eines Call-Centers nach erwarteten Skills und Anrufzahlen,

- Platzierung von Schiffscontainern in einem Hafen zur Minimierung von Standgebühren und Bewegungen,

- langfristige Ausbildungsplanung eines Grossunternehmens,

- Individualverkehr in einer Grossstadt mit erwarteten Verkehrsstaus,

- Energieverbrauch in einem Stahlwerk durch Prozessoptimierung.

Heutige Unternehmen sind selbst Netzwerke, sowohl als Netze zur Wertschöpfung als auch als Netze verknüpfter Risiken. Mathematik erlaubt es, die Wertschöpfung zu maximieren und das Risiko des Gesamtunternehmens zu minimieren. Ein wirtschaftlich bedeutsames Beispiel ist die Minimalisierung des operativen Risikos im IT-Bereich von Finanzinstituten durch die Organisation ORX – eine Assoziation von 35 Banken: Die bessere mathematische Erfassung und Modellierung der Risiken im Betrieb von Banken erlaubt die bessere Risikobestimmung und damit die Reduktion der notwendigen Rücklagen.

Mathematik und Entwicklung der IT treiben die Mathematisierung der Wirtschaft und, zusammen mit der Sensorik, auch die der physikalischen Welt weiter:

- Die Grösse der betrachteten und optimierten Systeme wird weiter wachsen, im Grenzfall bis zur Weltwirtschaft oder der Welt insgesamt,

- die Reaktionszeiten werden laufend kürzer,

- der zeitliche Abstand von einer Optimierungsrechnung zur nächsten wird immer kleiner, bis zur kontinuierlichen („strömenden") Optimierung der Welt!

Die Erstellung der Flugpläne von Fluglinien ist ein historisches Beispiel dieser Progression: Vor 25 Jahren wurden die Flugpläne in stunden- oder tagelangen Läufen im Rechenzentrum erstellt: Dies erfolgte typischerweise zweimal im Jahr.

Jetzt lassen sich aktuelle Änderungen wie Flugzeugausfälle kurzfristig einbauen – den umfangreichen Laufzeiten von damals entsprechen heute nur Sekunden.

Optimierung und Mathematisierung sind auf der einen Seite notwendige Entwicklungen auf dem Weg zu nachhaltiger Wirtschaft, auf der anderen Seite treffen dadurch immer mehr Computerprogramme die betrieblichen Entscheidungen. Dem Management werden diese Bereiche abgenommen und der Spielraum für eigene Entscheidungen und für eigenes Verständnis der Abläufe wird eingeschränkt. Umso wichtiger ist es, den menschlichen Entscheidungsträgern auch „menschliche" IT-Hilfsmittel an die Hand zu geben.

6.3   Visualisierung von Daten

Mathematische Simulationen, ob von wissenschaftlichen oder von geschäftlichen Systemen, liefern uns – auf für uns undurchschaubare Art und Weise – ihre Ergebnisse, häufig als grosse Datenmengen. Eine sinnvolle Anwendung von Mathematik ist die Kombination mit menschlicher Einsicht: Unsere grössten Fähigkeiten liegen in der visuellen Analyse und der Erkennung von Mustern. Die Visualisierung von Datenmengen wird schon lange im wissenschaftlich-technischen Bereich verwendet, um grosse Datenmengen aus Messungen oder Computersimulationen „menschlich" zu analysieren, etwa im virtuellen Flug durch diese Datenräume und im Vergleich mit dem Experiment. In der Mathematik bewegt man sich zunehmend in künstlichen und abstrakten Räumen als „Virtuelle Unrealität". In geschäftlichen und sozialen Anwendungen kann Visualisierung der Daten die Grundlagen einer Dienstleistung verständlich machen und den Weg zur optimalen Reaktion des Managements aufzeigen.

Der Ort der Visualisierung der Daten eines Unternehmens ist z.B. die Führungszentrale mit dem „Management Cockpit" oder „Digital Dashboard", das wir bereits als Second-Life-Beispiel gesehen haben.

Aktuelle Trends in der Visualisierung sind

- die Visualisierung sozialer Daten, z.B. der Autoren und der internen Konflikte bei Wikipedia-Artikeln, der sozialen Netze in Unternehmen (wer mit wem zusammenarbeitet) oder der Kategorien von Kunden und deren Dynamik,

- soziale Effekte wie die kollektive Erstellung von Visualisierungen und der Diskussionen in einer Gruppe, sozusagen „Blogging mit Zahlen und Netzen",

- die Zunahme psychologischer Gesichtspunkte und die Betonung von künstlerischen und ästhetischen Aspekten.

Die Abb. 6-3 im Bildanhang visualisiert in einer interaktiven Übersicht eines amerikanischen Finanzanalyse-Unternehmens die Gesamtheit der grossen Unternehmen der USA und ihren aktuellen Status: Jeweils ein Rechteck stellt ein Unternehmen dar, die Fläche des Rechtecks entspricht der aktuellen Marktkapitalisierung. Die Farbe symbolisiert die aktuelle Situation (grün bei Kursanstieg, rot bei fallendem Kurs). Einzelheiten zu Untermärkten (wie z.B. ein Schaubild aller Softwareunternehmen) oder zum ausgewählten Unternehmen erscheinen per Klick. Gute Visualisierungen liefern uns Menschen, auch als Laien, tiefere Einsichten und ähneln eher nützlichen Spielen als trockenen Werkzeugen. Hier können wir die Stärke unseres visuellen Systems ausnützen und noch selbst etwas verstehen.

Eine Webseite für soziale Visualisierungen und eine Art grafischer Blog ist das System „Many Eyes" von IBM, mit dem auch ein Laie Daten visualisieren und zur globalen Ansicht bzw. zum Spielen freigeben kann. Tausende von Grafiken sind ausgestellt – von sozialen Netzwerken in der Bibel bis zum Alkoholkonsum in der Welt.

Gelungene Visualisierungen heben die Daten heraus aus der Nüchternheit von langen Tabellen und Datenfriedhöfen (aus der „Spreadsheet-Hölle" des heutigen Beraters, wie es der Jargon nennt) und ermöglichen es dem Betrachter, vorher Unbekanntes zu entdecken, neue sinnvolle Fragen zu stellen und ein tieferes Verständnis zu entwickeln.

6.4 Die Zukunft von Services: auf dem Weg zum Serviceingenieur

Die obigen Beispiele zeigen, dass Services eine Vielzahl von Technologien zusammenführen: von flexiblen Softwaremethoden wie Webservices über Mathematik mit stochastischen Verfahren zu „sanften" menschlichen Disziplinen wie Psychologie und Kunst und Design. Dazu kommen Aufgaben der Organisation und der Menschenführung. Angesichts der wachsenden Bedeutung von Services liegt es nahe, eine Professionalisierung des Metiers zu fordern. Dies bedeutet, dass diese Disziplinen systematisch in einem Ausbildungsgang zusammengefasst werden sollten. Wir kennen eine solche (ähnlich mühsame) Entwicklung bei der Informatik und insbesondere dem Softwareengineering: Softwareengineering begann als neue Disziplin im Wesentlichen 1968 auf einer NATO-Tagung in Garmisch-Partenkirchen und ist selbst eine Kombination von Softwaretechnik und Managementtechniken.

Bei Services könnte die neue Disziplin „Service Science, Management and Engineering" heissen (SSME): In der Tat gibt es derartige Studiengänge zum Service Engineer oder „Master of Services" bereits an einigen Universitäten.

SSME ist der Abkürzung STEM nachempfunden: STEM steht für die Fachkombination Science, Technology, Engineering und Mathematik – und dies ist die unbestrittene Grundlage der modernen Industriegesellschaft. Der Versuch und Anspruch von SSME ist die entsprechende Basis für die Dienstleistungsgesellschaft.

Abb. 6-4 zeigt die vorgeschlagenen Studienfächer von IT und Wirtschaftswissenschaften zu Psychologie und Marketing. Der radiale Abstand der Kreise zeigt die Bedeutung des Faches für den Serviceingenieur an.

What kinds of skills should a service scientist have?
Academic disciplines evolving to combine technology, business and social-organization

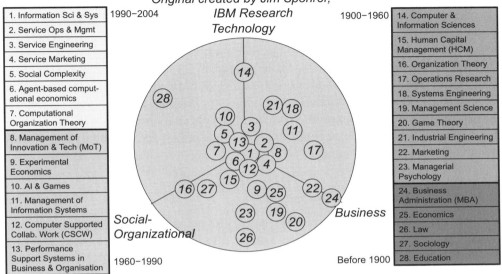

| 1. Information Sci & Sys |
| 2. Service Ops & Mgmt |
| 3. Service Engineering |
| 4. Service Marketing |
| 5. Social Complexity |
| 6. Agent-based computational economics |
| 7. Computational Organization Theory |
| 8. Management of Innovation & Tech (MoT) |
| 9. Experimental Economics |
| 10. AI & Games |
| 11. Management of Information Systems |
| 12. Computer Supported Collab. Work (CSCW) |
| 13. Performance Support Systems in Business & Organisation |

Original created by Jim Spohrer,
IBM Research

1990–2004   Technology   1900–1960

Social-Organizational

Business

1960–1990   Before 1900

| 14. Computer & Information Sciences |
| 15. Human Capital Management (HCM) |
| 16. Organization Theory |
| 17. Operations Research |
| 18. Systems Engineering |
| 19. Management Science |
| 20. Game Theory |
| 21. Industrial Engineering |
| 22. Marketing |
| 23. Managerial Psychology |
| 24. Business Administration (MBA) |
| 25. Economics |
| 26. Law |
| 27. Sociology |
| 28. Education |

Abbildung 6-4: *Die empfohlenen Studienfächer für den Serviceingenieur (SSME-Ingenieur) nach Jim Spohrer, IBM Almaden, 2005. Die Verteilung der Punkte soll die zeitliche Positionierung und die Nähe zu den Nachbardisziplinen grob illustrieren.*

Vision ist es, die Generierung von Services mit diesem Studium von einer Art Kunsthandwerk (und von der Produktion von Einzelstücken) zu einer Profession mit Systematik zu machen, von der Erfassung der Kundenerfordernisse, dem Bau aus Servicekomponenten bis hin zur systematischen Einführung von Innovation.

Zentral für die Zusammenfassung und Übertragung verschiedenster Erfahrungen kann die Anwendung und Lehre von Entwurfsmustern in verschiedensten Formen sein, von technischen, systemorientierten und menschlichen Mustern sowie Anti-Mustern, also Fehlern), bis zum vollen Vergleichstest (Benchmarking) mit den besten bekannten Diensten.

Auf der Seite des Neuen ist das Management von Innovationen und die systematische Einführung neuer Technologien die zentrale Aufgabe.

6.5 Physische Services: Dienste durch Roboter

Während sich die Grundtechnologie der IT de facto in die Bereiche der Nanotechnologie dematerialisiert, dringt die IT auf breiter Front in die materielle Welt ein, z.B. als pervasives Computing und als verstärkte Realität. Etwas pathetisch kann man diesen Prozess als „technische Spiritualisierung" der physischen Welt und der Dinge bezeichnen. Ein wichtiger Spezialfall ist der lang gehegte Traum vom künstlichen Menschen: Hier gibt IT der Maschine die Intelligenz und ergänzt damit die Mechanik, Elektronik und Mechatronik des Roboters. In Europa und den USA eher als Kuriosität betrachtet, zeigen uns vor allem Japan und Südkorea das Potenzial menschlicher („androider") Roboter und das Potenzial einer „disruptiven Innovation" für Wirtschaft und Gesellschaft.

6.5.1 Einführung und Marktkategorien

Die Idee des künstlichen Menschen hat ihre Wurzeln in der Antike und bei Leonardo da Vinci; das moderne Wort „Roboter" hat seinen Ursprung in einem Drama des tschechischen Schriftstellers Karel Čapek nach dem tschechischen Wort „robota" in der Bedeutung von Zwangsarbeit oder Dienstbarkeit. Im Theaterstück R.U.R. (Rossum's Universal Robots) aus dem Jahr 1920 schildert Čapek menschenähnliche künstliche Arbeiter, die die Macht übernehmen und schliesslich die Menschheit vernichten. Das Drama wurde ein internationaler Erfolg, insbesondere auch in England und USA, und damit war das Thema „Roboter" endgültig etabliert. Wie andere grosse Technologiethemen (etwa die Nanotechnologie) rührt die Faszination gerade aus dem Zwiespalt zwischen positiven und negativen Gefühlen:

- positiv: eine willige Arbeitskraft, immer verfügbar, mit beliebiger Kraftverstärkung, in gefährlicher und unangenehmer Umgebung einzusetzen,

- negativ: Angst vor einzelnen Fehlern (etwa einem Amok laufenden Roboter) oder kollektiven Fehlern bis hin zur unterschwelligen Angst vor einem globalen Roboteraufstand.

Im englischen Text des Theaterstücks wurde „Robot" übrigens immer mit grossem Anfangsbuchstaben geschrieben im Stil von besonders wichtigen Begriffen.

Eine moderne Definition des Roboters lautet (James Chen, 2006):

„Eine Maschine, die an Stelle eines Menschen handelt, automatisch oder mit minimaler externer Steuerung – und beinahe menschlich erscheint."

Diese Definition zielt insbesondere auf humanoide Roboter, die als gesellschaftlicher Zukunftstrend besonders interessant sind. Typische Beispiele sind die Roboter von

Honda (Asimo Robot) und Sony (QRIO und Aibo, 2006 eingestellte Entwicklungsprojek-te). Chen unterscheidet drei Kategorien von Robotern:

- industrielle Roboter:

    Handhabungsmaschinen und Fertigungsautomaten in der Produktion mit ge-ringer menschlicher Wechselwirkung;

- professionelle Serviceroboter:

    Roboter für industrielle und militärische Aufgaben, insbesondere auch für ge-fährliche oder dem Menschen unmögliche Aufgabenstellungen; Beispiele sind Roboter für Katastrophenschutz, Minenräumung, Raumfahrt, Medizin und vie-les mehr;

- persönliche Serviceroboter:

    Robotertechnologie für Privatpersonen zur Ausbildung, Unterhaltung oder zur häuslichen Unterstützung.

Der Trend für industrielle Roboter, etwa die installierte Anzahl, folgt wohl der üblichen Wachstumskurve durch Wirtschaftswachstum und Ingenieursinnovation, ähnlich für professionelle Serviceroboter. Militärische „Service"-Roboter könnten vor allem durch die Anstrengungen der USA spektakuläre Fortschritte erfahren. Schon heute sind Drohnen (UAVs, Unmanned Aerial Vehicles) im Einsatz für die Aufklärung, aber auch für Kampfeinsätze.

6.5.2 Persönliche Servicecomputer und Roboter „2.0"

Persönliche Servicecomputer haben die verschiedensten möglichen Arbeitsgebiete. Sie können schon heute z.B. als Rasenmäher-, Fensterputzer-, Bodenbohner- oder Staub-saugerroboter (von Letzteren existierten im Jahr 2004 etwa 1,2 Millionen Stück) einge-setzt werden. Dazu kommen Roboter im Ausbildungs- und Freizeitbereich inklusive Spielzeugroboter und Robotertiere wie der „Robopet" der chinesischen Firma WowWee.

Persönliche Servicecomputer haben im Vergleich zu industriellen Robotern erschwerte Arbeitsbedingungen, z.B. (Charles Kemp, 2007)

- dynamisch sich ändernde Umgebungen,

- viele verschiedenartige Aufgaben,

- individuell verschiedene Objekte (die nicht fabrikmässig identisch sind),

- dazu Menschen (als störende und noch dazu weiche Objekte),

- und eine für Menschen, nicht für Maschinen gemachte Umgebung.

Auf der anderen Seite ist trotz dieser Schwierigkeiten der finanzielle Rahmen im Consumerbereich eher niedriger als bei professionellen Anwendungen.

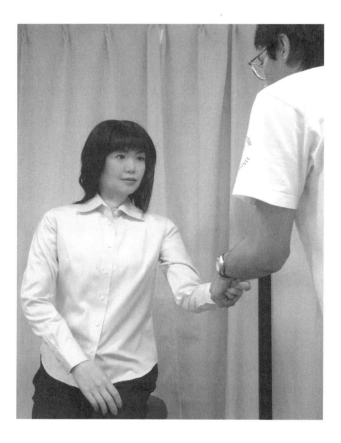

Abbildung 6-5:   *Ein täuschend echter persönlicher Roboter Repliee Q1 (Hiroshi Ishiguru, Universität Osaka, 2005). Die Roboterdame kann gestikulieren und simuliert sogar das Atmen. Sie könnte eine Empfangsdame sein und einen Auskunftskiosk ersetzen.*

Ein Beispiel für eine mögliche Herausforderung und ein Test der erreichten Technik im menschlichen Bereich wäre das Aufräumen einer unordentlichen Wohnung: Dies erfordert die verschiedensten Fähigkeiten, vom Erkennen einer Vielzahl unterschiedlicher Objekte bis zur Handhabung weicher Materialien wie Textilien.

Grosse Erwartungen werden auf den Gesundheitsbereich mit Rehabilitation, Behindertenunterstützung und Altenpflege gesetzt: Hier treffen die wachsenden technischen Möglichkeiten und die Lernkurve der langsam fallenden Produktionskosten auf gesellschaftliche Trends wie eine älter werdende Bevölkerung, sinkende Geburtenraten und steigende Pflegekosten.

Dies gilt insbesondere für die Länder mit den geringsten Berührungsängsten zu Elekronik und persönlicher IT, nämlich für Japan, Südkorea und China. Hier ist eine Symbiose von Menschen und Robotern durchaus denkbar. Der Pflegeroboter könnte das betriebswirtschaftliche Szenario liefern, um Robotertechnik im Haus und damit flächendeckend einzuführen.

Das südkoreanische Ministerium für Information und Kommunikation plant, etwa 2015 bis spätestens 2020 in jedem Haushalt einen Roboter zu haben. Südkorea hat eine erfolgreiche junge Tradition der systematischen Einführung innovativer Infrastrukturen als Plattform für eine Hightechnation, etwa flächendeckende Breitbandanschlüsse für das Internet oder mobile Dienste mit hoher Bandbreite. Das nächste Experiment soll der Roboter als Hausgefährte sein, von der Putzhilfe bis zum Haustier. Eine durchschlagende Roboteranwendung, die den Erfolg aus heutiger Sicht garantieren könnte, ist noch nicht in Sicht (im Jargon wäre dies eine „Killeranwendung"). Allerdings kann der Roboter auch zum Zentrum der gesamten Haus-IT werden, von der Sicherheits- und Alarmfunktion bis zum Informationszentrum. Es wird spannend, ob dies ausreicht, eine Roboter-2.0-Welle hervorzurufen!

6.5.3   Menschliche Gefühle und Roboter: das unheimliche Tal

Schon die frühen Visionen von Robotern und insbesondere Robotergesellschaften waren zwiespältig: Lange vor der Möglichkeit der Realisierung hatte Isaac Asimov 1942 in einer Novelle Grundregeln für Roboter zum Schutz der Menschen formuliert. Die Asimov'schen Gesetze lauten (Isaac Asimov, 1982):

1. Ein Roboter darf kein menschliches Wesen verletzen oder durch Untätigkeit gestatten, dass einem menschlichen Wesen Schaden zugefügt wird.

2. Ein Roboter muss den ihm von einem Menschen gegebenen Befehlen gehorchen – es sei denn, ein solcher Befehl würde mit Regel eins kollidieren.

3. Ein Roboter muss seine Existenz beschützen, solange dieser Schutz nicht mit Regel 1 oder 2 kollidiert.

Das südkoreanische Ministerium plant im Rahmen des Hausrobotikprogramms, eine pragmatische Version von ethischen Regeln zum Umgang mit dem häuslichen Roboterbutler zu erstellen. Man ist so optimistisch in Bezug auf die Entwicklung der Androidentechnik im Sinne von „starker Intelligenz" (d.h. menschenähnlichem Verhalten), dass man Problemen vorbeugen will wie möglichem „Süchtig"- oder Abhängigwerden der zugehörigen Menschen oder dem Entstehen von zu intimen Verhältnissen zwischen Mensch und Roboter.

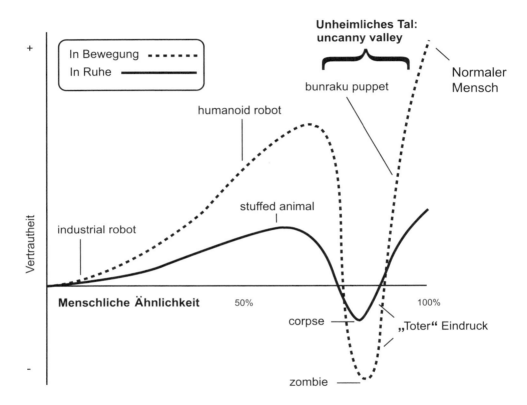

Abbildung 6-6:   *Typische Akzeptanzkurve einer Technologie vom Typ künstlicher Inelligenz wie Robotik oder Spracherkennung unter Verwendung der Hypothese des „unheimlichen Tals" von Masahiro Mori und nach Wikipedia (2007).*

Eine Beobachtung bei der Akzeptanz pseudomenschlicher Technologie ist der (behauptete) Effekt des „unheimlichen Tals" (uncanny valley): Beim menschenähnlichen Roboter bedeutet dies, dass wir Menschen den ersten, recht einfachen Geräten sehr positiv gegenüberstehen, aber durch die immer menschenähnlicheren Androiden, die als „Fremde" empfunden werden, beunruhigt werden (das Tal der Gefühle). Endstufe der Entwicklung ist dann die erwartete volle Akzeptanz der Roboter als „solche von uns".

Diese Behauptung beruht auf Konzepten der Psychologie des Unheimlichen aus dem Anfang des 20. Jahrhunderts (wie etwa von Sigmund Freud) und wurde 1970 vom japanischen Roboterpionier Masahiro Mori formuliert.

Eine schwächere Aussage betrifft die unmittelbare Akzeptanz einer humanoiden Technologie, etwa einer physischen Roboterpuppe, einer Animation auf dem Bildschirm, aber auch der Erkennung von Sprache, dem Führen eines sprachlichen Dialogs oder der Erkennung von Handschrift. Hier sieht das Muster prinzipiell so aus:

- Anfangsphase: leichte Anfangserfolge, hohe Erwartung,
- Mittelphase (Tal): Ernüchterung, man sieht die noch bestehenden Probleme und die Fehler, Entwicklung negativer Gefühle,
- Reifephase: Akzeptanz bis hin zur Selbstverständlichkeit.

Beeindruckende menschliche Ähnlichkeit wird zu Beginn bereits mit sehr einfachen Mitteln erreicht: Die Augen des Androiden und seine (oder ihre) Lider erhalten eine geringe Zitterbewegung und der Brustkorb hebt und senkt sich langsam periodisch: Schaltet man die Augenbewegung ab, so sehen die Augen und die gesamte Puppe augenblicklich tot aus.

Die Endphase der Akzeptanz ist das Verschwinden der Technologie in der Infrastruktur.

Historisch gesehen, steht bei einer Diskussion über Technologien, die unsere menschlichen Fertigkeiten tangieren, häufig zunächst der menschliche Unwille und der Widerstand, diese Funktion einem Computer zuzubilligen. Hier eine leicht polemische Liste von menschlichen Fähigkeiten aus dem Cartoon (Abb. 7-5, vgl. S. 139) von Ray Kurzweil in Frage- bzw. Behauptungsform:

Nur ein Mensch kann:

Teil I: Auto fahren

Baseball spielen

eine Pressekonferenz abhalten

ein Haus putzen

gesunden Menschenverstand haben (und allgemeines Lebenswissen)

ein Buch über Computer schreiben

einen Text übersetzen

einen Film besprechen

Teil II: ein Elektrokardiogramm verstehen

                      eine Musik im Stile von Bach komponieren

                      Gesichter erkennen

                      Pingpong spielen

                      eine Rakete lenken

                      Jazz improvisieren

                      meisterlich Schach spielen

                      Aktien gezielt kaufen

                      natürliche Sprache verstehen

                      mathematische Beweise führen

Teil II enthält Fähigkeiten, die nach Kurzweil bereits 1999 keine rein menschliche Domäne mehr waren. Insbesondere das Schachturnier von Garry Kasparow gegen den IBM-Computer Deep Blue ist ein historischer Meilenstein geworden (für Schachfreunde ist das Turnier hier protokolliert: IBM Research, 1997).

Teil I enthält in der Aufgabe „gesunden Menschenverstand haben" mit dem zugehörigen „allgemeines Lebenswissen haben" die allgemeinste Aufgabe der künstlichen Intelligenz überhaupt, den heiligen Gral der philosophischen Seite der Informatik. Aber Computer können schon lange einiges übersetzen und beginnen auch Auto zu fahren: Noch vor wenigen Jahren waren selbstfahrende Autos für viele Menschen „niemals möglich": Den Stand der Forschung und Entwicklung zeigte im Herbst 2007 der „Urban Challenge" in USA, ein Wettbewerb mit fahrerlosen Fahrzeugen, d.h. „richtigen" Autos in einem simulierten Strassenverkehr. Zwischen 50 von Menschen gesteuerte Autos mischten sich autonome Computerfahrzeuge, und sechs davon gelangten ins Ziel. Die besten Autonomen fuhren einige Stunden fehlerfrei nach der kalifornischen Strassenverkehrsordnung.

Hinter dieser IT-Aufgabe, selbsttätig ein Fahrzeug zu steuern, stehen naturgemäss viele Interessen, von der militärischen Idee der unbemannten Erkundungs- und Logistikfahrzeuge über Landwirtschaft und Bergbau hin zum normalen Strassenverkehr. Die Entwicklungskette und der Trend sind absehbar, vom ersten „geht niemals" vor 20 Jahren zum jetzigen Experimentalstatus hin zu einer Zukunft, in der der Computer dann das Steuer übernimmt, wenn es zu schwierig für den menschlichen Piloten wird ...

Auch dies ist wohl ein Trend, der sich verallgemeinern lässt: Wenn IT eine dieser Aufgaben einmal lösen kann, dann können sich ganz neue Perspektiven ergeben, in der Breite (etwa die Vielfalt der Sprachen bei der Übersetzung) oder in der Tiefe (etwa unter Einbeziehung des Gesamtwissens der Menschheit – oder schlicht „tausendmal schneller als ein Mensch").

Zu den Fortschritten in den harten Technologien wie Sensortechnik, Situationserkennung und allgemeine Computertechnik kommen auch Erkenntnisse in Disziplinen wie Psychologie, Linguistik und Neurowissenschaft, die die IT beeinflussen. Für den Ingenieur ist das Lösen dieser ursprünglich menschlichen Aufgaben durch Bau oder Nachbau eine wichtige und überzeugende Quelle der Erkenntnis.

Roboter repräsentieren den Trend zur Verbindung des abstrakten Computers mit der physischen Welt: Ein Grundbegriff ist hier das Embodiment oder die Verkörperung, allgemein die enge Verknüpfung von Körper (Materie) mit Geist. In der IT ist die optimierte Verknüpfung der Computingseite einer Aufgabe mit der ausführenden Hardware, der körperlichen Seite des Problems, gemeint. Hier beim humanoiden Roboter geht es konkret um den integrierten Entwurf der Mechanik, der Sensorik und der Bewegungssteuerung eines Roboters.

Rolf Pfeifer von der Universität Zürich zeigt das Zusammenspiel von Körper und künstlicher Intelligenz z.B. an den Lehren, die er aus dem Bau gehender Roboter geschlossen hat. Bei geeigneter Physik der synthetischen Muskeln und Glieder ergibt sich eine natürliche Bewegung bereits mit geringem Steueraufwand (Rolf Pfeifer, 2006).

Das Design von IT-Systemen geht allgemein in die Richtung möglichst holistisch entworfener Systeme, bei denen von Anfang an das Gesamtsystem einbezogen wird und damit auch Feinheiten der materiellen Seite für die Aufgabe optimiert werden.

Als Dienstleister bringen Roboter die Computerleistung zum Menschen, dazu eine mechanische Verstärkung und eine Erweiterung unserer Sinne. Die extreme und direkte Verstärkung unserer körperlichen Kräfte ist die Idee des motorengestützten Exoskeletts – eine spezielle äußere Roboterhülle, die die menschlichen Bewegungen und mechanischen Leistungen (wie Gewichte heben) unterstützt. Exoskelette befinden sich im Stadium von Konzeptstudien, vor allem wieder für militärische Zwecke.

Damit reichen die körperlichen Dienste des Roboters von einfachen mechanischen Arbeiten bis zu quasi-menschlichen Hilfeleistungen – und gehen einher mit starken positiven wie negativen Gefühlen in der Gesellschaft. Wir werden sehen, wie erfolgreich diese Dienste kaufmännisch sein werden und ob sich in den nächsten Jahren daraus eine zivile „Killeranwendung" herauskristallisiert, vielleicht in der geriatrischen Pflege.

7   IT und Innovation: Schlussgedanken

7.1   Innovation in Unternehmen

Innovation im modernen Sinn ist einer der wenigen positiven Begriffe in der modernen Gesellschaft, nahezu unbestritten, aber doch als Reizwort überbeansprucht. Innovation ist dabei voller Risiken und Paradoxa. Das Wort – 1939 vom Ökonomen Joseph Schumpeter im heutigen Sinn eingeführt – bedeutet die erfolgreiche Umsetzung einer Idee oder Erfindung im Sinne des Unternehmens oder der Gesellschaft zur Lösung von Problemen und zur Generierung neuer Werte.

7.1.1   Innovation und innere Widersprüche

Innovationsmanagement in Unternehmen und in der Gesellschaft ist ein schwieriges Unterfangen. Dies liegt an den inneren Widersprüchen der Innovation. Aus der Erfahrung in innovativen Bereichen eines Grossunternehmens – Abteilungen wie „Advanced Technology", „Advanced Systems", Vor- oder Pilotentwicklung und Forschungslabor – ist Innovation durch eine Reihe von Paradoxa charakterisiert:

- Innovation erfordert Kreativität, ein Unternehmen braucht Prozesse, d.h. eine zuverlässige interne Maschinerie. Dieser Konflikt macht Innovationsmanagement zu einem Balanceakt (Gifford Pinchot, 1999).

- Innovation überlagert, kannibalisiert oder vernichtet existierende Lösungen und Werte, eventuell sogar im eigenen Unternehmen. Dies ist die Idee der kreativen Zerstörung (creative destruction) von Joseph Schumpeter aus dem Jahr 1942. Dieses „Innovator's Dilemma" (Clayton M. Christensen, 1997) muss in der Unternehmensstruktur berücksichtigt werden, z.B. durch gezielte Neugründungen innerhalb oder ausserhalb des Unternehmens (Inkubatoren und Start-ups).

- Innovation bedeutet Neues: Änderungen sind Menschen häufig unheimlich und damit schwer zu „managen". Dabei ist das Legat der Erfahrungen im Unternehmen, die Unternehmensgeschichte, gleichzeitig Kapital und Problem. Das Management muss die Änderungen mit einem Gefühl der Sicherheit vermitteln.
  In diesem Zusammenhang ergibt sich auch ein Problem in der Ausbildung: Dozierende Ausbildung vermittelt – zumindest als Eindruck – beständige In-

formation, Ausbildung zur Innovation erfordert die Freiheit, zu experimentieren und zu spielen.

- Innovationen haben vielfache Risiken, geschäftliche wie technische: Entscheidungen für Innovationen erfolgen in Unsicherheit und in Abhängigkeit von zahlreichen Einflüssen. Post mortem ist die erfolgte Entwicklung meistens gut verständlich, und die frühen Warnsignale wären sichtbar gewesen!

Offensichtlich spielen bei allen diesen Punkten menschliche Aspekte eine grosse Rolle. Die Aufgabe, (erfolgreiche) Entscheidungen in einer unsicheren Umgebung zu fällen, ist aber die wesentliche Aufgabe des Managements: Innovation im Grossen liegt beim CEO des Unternehmens, Innovation im Kleinen beim technischen Kader.

7.1.2   Unternehmen, Software, Computerspiele: Entscheidungen in Unsicherheit

Auf IT-technischer Seite ist ein ähnliches Beispiel die Entwicklung neuer Software: Leicht polemisch bedeutet Softwareentwicklung nach Alistair Cockburn (2004):

- mit Menschen ein Problem zu lösen, das man nicht voll versteht und das sich weiter verändert;

- eine Lösung zu schaffen, die man nicht voll versteht und die sich laufend verändert;

- Entscheidungen zu treffen mit beschränkten Ressourcen und in dem Wissen, dass jede Entscheidung wirtschaftliche Konsequenzen hat;

- dazu ein Computer, der unerbittlich über die Qualität entscheidet.

Hier ist der Computer der Schiedsrichter über das technische Funktionieren, bei Innovationen ist es der Markt. Dem CEO des Unternehmens entspricht bei der Software- und Systementwicklung der Architekt. Bei der Softwareentwicklung wird die Entwicklungsumgebung streng kanalisiert – trotzdem enden viele Projekte unplanmässig, und es gibt Fehler in der Software.

Eine weitere Analogie zum Management eines Unternehmens rückt immer stärker (insbesondere wieder durch die IT) in das Bewusstsein: Es sind Computerspiele, insbesondere die bereits erwähnten interaktiven gemeinschaftlichen Computerspiele wie MMORPGs.

In der Tat ähneln die Lebenszyklen von Unternehmen insgesamt einem Spiel mit vielen Teilnehmern – dazu gehört bei beiden die Entwicklung von Strategien. Allerdings muss der Designer des Spieles auf ein interessantes (und damit sinnvolles) Spiel achten: Es darf keine „dominante" Strategie geben (die keinem anderen Spieler eine Chance gibt)

und keine „degenerierte" Strategie, die systematisch die Schwächen des Systems ausnützt. In der Wirtschaft gibt die Politik hoffentlich den Rahmen der „Business-Integrität"
vor.

Die Organisationsstrukturen von modernen Unternehmen, insbesondere der globalen
IT- und Dienstleistungsunternehmen wie z.B. IBM und Accenture, aber auch von öffentlichen Web-2.0-Unternehmen wie Wikipedia, werden immer mehr selbst zu MMORPGs
(siehe IBM GIO, 2006): Die Regeln und die notwendigen Notbremsen, die Strategie und
das Wertesystem, werden zentral vorgegeben. Ein globales Team organisiert sich selbst
und benützt agile vernetzte Services für den eigenen Betrieb: Es ist kein Zufall, dass
dies in idealer Synergie mit der beschriebenen IT-Seite erfolgt, mit den Verfahren des
Social Computing, des Reputationsmanagements und mit flexiblen Softwarediensten
(Kapitel 4 und 5).

7.1.3   Ebenen der Innovation

Eine der auffälligsten Veränderungen der Innovation in Unternehmen   ist im letzten
Jahrzehnt die Erweiterung der innovativen Möglichkeiten: Während früher die Innova-

Dimension der Innovation	Beispiel
Produktinnovation	GPS-System
Serviceinnovation	Spracheingabe und Übersetzung, „Pay-as-you-drive"-Versicherung
Geschäftsprozessinnovation	RFID-Einführung in der Logistik
Geschäftsmodellinnovation	Mikro-Werbung in Suchmaschinen
Innovation in der Unternehmensführung	Blogs, Innovation-Jam, transparente Unternehmensprozesse, Mathematik im Management
Innovation in der Gesellschaft	Open Source, „grüne" Innovationen, Pflegeroboter in Spitälern und zuhause

Tabelle 6:   *Formen und Ebenen der Innovation jenseits von neuen Produkten unter dem Einfluss der IT (erweitert nach IBM ODIS, 2007).*

tion im Produktbereich das alleinige Ziel war, findet heute Innovation auf vielen Ebenen statt (vgl. Tabelle 6): Auf allen Ebenen ist IT dabei, häufig ist sie sogar die Schlüsseltechnologie.

7.2 Innovation und IT

7.2.1 Lebenszyklen von Technologien

Bedingt durch die dynamische Entwicklung der IT besteht eine enge Beziehung zwischen Innovation und IT – Innovation ist in vielen Bereichen die unternehmerische Umsetzung von IT. Als Konsequenz besteht auch eine enge Beziehung zu den sekundären Fachgebieten, die sich mit Innovation beschäftigen oder von Innovation leben, wie Unternehmensmanagement und Politik, Beratungs- und Dienstleistungsfirmen und einem Teil des Journalismus. Wichtige Informationen über eine neue Technologie sind

- ihre Bedeutung für das Unternehmen oder die Gesellschaft,

- die richtige Einschätzung der Sichtbarkeit der Technologie in den Fachmedien,

- der Reifegrad einer Technologie zu einem Zeitpunkt, d.h. der Abstand zur möglichen Anwendung allgemein, beim eigenen Unternehmen wie auch beim Wettbewerber.

In der Terminologie des Analyseunternehmens Gartner sind die Reifegrade in Tabelle 7 definiert, mit einigen beispielhaften Technologien als Zusatz.

Die obersten Schichten sind organisatorisch bei den Technologielieferanten in den Forschungs- und Entwicklungsabteilungen angesiedelt und werden durch die Forschungsstrategie gesteuert. Viele Unternehmen erstellen zum internen Verständnis und zur Synchronisation ihrer Forschungsstrategie mit den Geschäftseinheiten hierfür einen (meist internen) Zukunftsbericht aus ihrer Sicht und der ihrer Kunden. Typische Namen dieser Berichte sind etwa Technology Roadmap, Insight and Foresight Report, World Map, Future Report, CTO Report oder Global Technology Outlook.

Sowohl aus der Sicht des Technologieunternehmens wie aus der des Anwenders ist der Übergang von sich entwickelnden Technologien zu multiplizierbaren Produkten und Diensten der Bereich des Innovationsmanagements. Ein Mechanismus ist hier die Anwendung einer neuen Technologie bei einem ausgesuchten und passenden Kunden in einem Pilotprojekt, einem First-of-a-Kind (FOAK). Beide Seiten lernen aus dem Pilotprojekt: Das Technologieunternehmen lernt seine Technologie aus der Sicht des Kunden kennen und kann bei Erfolg den Kunden als Eisbrecher im eigenen Haus verwenden – schliesslich stehen viele Investitionsmöglichkeiten auch bei ihm zur Auswahl an.

Der Kunde gewinnt seinerseits einen Innovationsvorsprung in seinem Geschäftsbereich.

Reifegrad	Status	Beispieltechnologie
Embryonisch	In den Labors	Ultragrosse Systeme, NIDs, Metamaterialien
In der Entwicklung (Emerging)	Erste Piloten mit Kunden und Pilotprodukte	Mobile Roboter, Ambient Displays
Heranwachsend (Adolescent)	Erste normale Kunden, vorbereitend für die Multiplikation	Ortsabhängige Dienste, Gestenerkennung, Sprache-zu-Sprache-Übersetzung von gesprochener Sprache
Erste Anwendung grossen Stils (Early mainstream)	Reguläre Produkte und Dienste, mehr Anbieter	RFID-Anwendungen
Etablierte Anwendung (Mature mainstream)	Funktional weitgehend stabil und verbreitet	Instant Messaging, SMS, Festplatten
Klassisch (Legacy)	Etabliert, z. T. mit geringer Weiterentwicklung	Festplatten, E-Mail
Veraltet	Überholt von anderer Technologie	CRT-Bildschirme

Tabelle 7:   *Die Reifegrade von Technologien nach Gartner, ergänzt mit eigenen Beispielen (Jackie Fenn, Gartner, 2007).*

Metamaterialien sind neuartige Stoffe aus der Mikro- oder Nanotechnologie, z.B. mit negativem Brechungsindex.
Ambient Displays sind grossflächige Bildschirme, die in der Umgebung eingebettet sind.
Festplatten erscheinen zweimal: Aus Sicht der Halbleiterindustrie sind sie abzulösende „Legacy".
Die übrigen Technologien sind im Text erwähnt oder bekannt.

Aus Sicht der Industrie ist jede neue Technologie ein Aktivposten, der optimal eingesetzt werden muss und möglichst nicht verloren gehen darf.

Eine wichtige Fähigkeit für alle – Wirtschaft und Politik, Technologielieferanten wie
Anwender – ist die richtige Einschätzung der Bedeutung einer sich abzeichnenden
neuen Technologie. Hauptschwierigkeit ist der „Hype", der Medienrummel um eine
Technologie. Ein hilfreiches Denkmuster wurde von Jackie Fenn 1995 als Hype-Kurve
oder Gartner-Kurve geprägt (Abbildung 7-1) und wird weltweit verwendet (Jackie Fenn,
Gartner 2007).

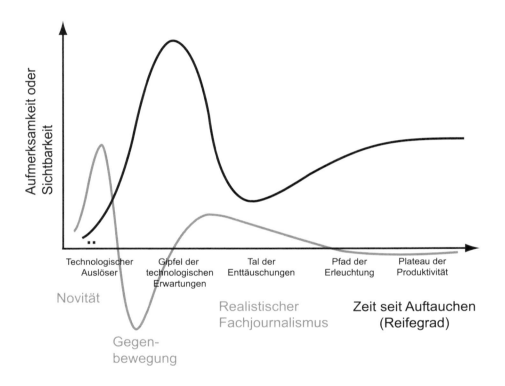

Abbildung 7-1:   *Die Hype-Kurve für Technologien: das bekannte Ordnungsschema für die
Stadien einer Technologie (Jackie Fenn, Gartner, 2007).*

*In Hellgrau ist die zweite Ableitung der Kurve eingetragen als Mass für die
Attraktivität der Technologie: Die Nullstellen sind Wendepunkte in der Einschätzung der Technologie.*

Am Beginn steht die Idee oder Forschungspublikation einer Technologie, die einen wirtschaftlichen, wissenschaftlichen oder journalistischen Nerv trifft. Die nächste Phase ist der Hype, die überzogenen Erwartungen. Erste Käufer der Technologie in dieser Phase werden als Geeks – Gecken – bezeichnet. Üblicherweise zeigen sich danach Probleme in der Technologie, in der Kurve sichtbar als das Tal der Enttäuschungen (entsprechend dem „unheimlichen Tal" bei der Akzeptanz künstlicher Intelligenz). Im Erfolgsfall erreicht man schliesslich das Produktniveau und den allgemeinen Einsatz.

Die Hype-Kurve wird als Lebenskurve für einzelne Technologien verwendet und zur Vorhersage für diese Technologie, aber auch als Übersicht für ein Portfolio von Technologien im Interessenbereich eines Unternehmens insgesamt. Von Bedeutung ist auch die zweite Ableitung der Hype-Kurve: Sie kann als Indiz für die journalistische Attraktivität gelten. Zu Beginn werden positive und euphorische Beiträge verfasst, danach durchaus kritische Artikel. Etabliert sich die Technologie, wird sie nur gelegentlich noch zu einem Thema, und dann vor allem für die Fachpresse.

Trotz vieler Sonderfälle ist die Hype-Kurve eine ausgezeichnete Grundlage zur Klassifizierung von Technologien, etwa in

- Schnelläufertechnologien (Fast Tracks), die in wenigen Jahren zur Produktreife kommen, etwa im Web-2.0-Bereich,

- langsame Technologien (Long Fuses), die lange Zeit brauchen, um ihre Probleme der Akzeptanz zu überwinden, z.B. Bildschirme in der Brille (HUDs); eventuell werden MRAMs (magnetische Chipspeicher) im zweiten Anlauf zu einer erfolgreichen Long-Fuse-Technologie, deren erster Anlauf scheiterte,

- Phoenix- und Geistertechnologien, die mehrmals zwischen Euphorie und Ernüchterung pendeln, wie z.B. biometrische Verfahren und die Datenübertragung über die Stromleitung (PLC), die aber dann doch eine wohldefinierte Anwendung finden.

Ein harter Sonderfall für die Innovatoren kommt recht häufig vor: Eine neue Technologie wird auf dem Weg durch die Phasen von einer anderen, rivalisierenden Technologie überholt, und das Innovationsmanagement muss die schwierige Aufgabe lösen, das Programm zu beenden und möglichst noch Werte zu retten. Besonders schmerzhaft ist es, wenn die etablierte Technologie (im Jargon: „im Schützengraben" oder „entrenched", da ihre Investitionen die Tendenz zur Erhaltung haben) die vielversprechende neue Technologie überholt und aus dem Rennen wirft. Die magnetische Festplattentechnologie, seit 50 Jahren im Schützengraben, hat dies schon mehrfach geschafft, etwa mit der Magnetblasentechnologie in den 80er Jahren.

7.2.2 Innovation mit IT in Unternehmen

Der unmittelbare und mittelbare Einfluss der IT auf die Innovation in Unternehmen lässt sich folgenden Bereichen zuordnen (Abbildung 7-2):

Indirekt unterstützt und verbessert die IT im Unternehmen

- die agile Kultur, d.h. die Fähigkeit, Änderungen zu erkennen und durchzuführen,

- die informelle Zusammenarbeit,

- die förmliche Zusammenarbeit, d.h. die Prozesse im Unternehmen und des Unternehmens mit den Partnern und Kunden

sowie direkt

- die Innovation im Kernbereich der Produkte und der Dienste des Unternehmens.

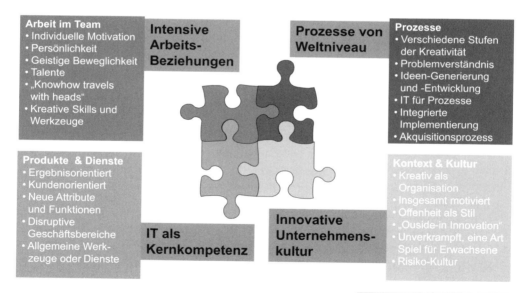

Abbildung 7-2: *Eine Kategorisierung der Einflussbereiche der IT für die Innovation: zum einen Unterstützung der „sanften" bis „harten" Zusammenarbeit, zum anderen der Kernkompetenz des Unternehmens selbst (ergänzt nach IBM Business Consulting Services, 2005).*

Produkt- und Prozessinnovation hängen stark vom Geschäftsbereich ab und variieren entsprechend der Industrie, für die sie eingesetzt werden, von der Automobilindustrie bis zu Versicherungen.

IT-Techniken für die Zusammenarbeit sind vielseitig einsetzbar, am einfachsten in der IT-Welt selbst (siehe Open Source). Das allgemeine Ziel könnte als „Flow-Zustand" (Mihaly Csikszentmihalyi, 1995) für Unternehmen beschrieben werden: ein Zustand mit

- voller Konzentration auf die Aufgabe (bei Unternehmen die „Mission"),
- Übereinstimmung der Kompetenzen mit den Aufgaben,
- intensiven Aktionen, klarem (positiven) Feedback und unmittelbaren Folgeaktionen.

Die Teams erfolgreicher Projekte, etwa das Team des Open-Source-Projekts Eclipse, aber auch viele kommerzielle IT-Entwicklungsteams, befinden sich in einem kollektiven Flow.

Ein spezielles kollektives Werkzeug, auch und besonders für grosse und sogar sehr grosse Gruppen geeignet, wie z.B. für die Mitarbeiter eines Grossunternehmens oder die Jugend eines ganzen Landes, ist die Jam-Technologie: Geführte offene Diskussionen über das Netzwerk zu kulturellen Fragen, ein „Brainstorming for the Masses". Ein besonders schönes Beispiel in unserem Zusammenhang ist der „Innovations-Jam", den das Unternehmen IBM mit seinen Partnern zum Thema „In welche Richtungen soll das Unternehmen gehen?" im Jahr 2006 veranstaltete.

Das erweiterte Team diskutierte die Frage, wo das eigene Unternehmen (also IBM) Innovation suchen und entwickeln soll – sachlich und geographisch offen und ausserhalb der festen Denkmuster im Unternehmen. Im Gegensatz zu üblichen Verfahren wie einem festen „betrieblichen Vorschlagswesen" wird der Jam als Ereignis organisiert, als einmaliger Event, der sorgfältig vorbereitet und in einem kompakten Zeitfenster durchgeführt wird. Die Resultate (die „Weisheit des Teams", ein Beispiel für die „Wisdom of Crowds") werden destilliert und von Experten für das Management aufgearbeitet.

Die Abbildung 7-3 zeigt das Startbild zum Jam, die Abbildung 7-4 in graphischer Form die Innovationsresultate: zehn aktuelle und empfohlene Innovationsbereiche in der IT und um IT herum, die den globalen Teamgeist und den Zeitgeist verbinden.

*Abbildung 7-3:   Das Startbild zum Innovations-Jam: ein Brainstorming mit Hunderttausend
Teilnehmern (IBM).*

Der Inhalt dieser zehn empfohlenen Innovationsgebiete verstärkt zum einen Innovationstendenzen, die schon im Unternehmen verwurzelt sind, wie „intelligente Stromnetze", und zum anderen werden Trends aus ganz anderen Bereichen oder Regionen initiiert wie die speziellen Aufgaben von Finanzdiensten in den Entwicklungsländern.

Der Innovations-Jam als Ereignis hat die Thematik (Innovation) im ganzen globalen Team verankert und den Ergebnissen die Dynamik einer erfolgreichen Richtungsänderung (oder Verstärkung eines Trends) gegeben, auch ein weiterer Schritt zum „global integrierten Unternehmen".

Jams sind auch anwendbar für Gruppen von technischen Spezialisten, dann auf entsprechend professioneller Ebene und dem sozialen Netz der Innovatoren untereinander überlagert. Denkbar ist andrerseits auch ein grosser Jam für die Jugend einer ganzen Nation als grosses kulturpolitisches Ereignis.

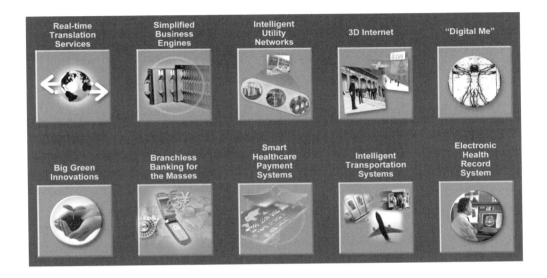

Abbildung 7-4: *Das destillierte Ergebnis des Innovations-Jams: zehn Innovationsbereiche*
als Empfehlung des Teams (IBM). Die Bereiche umfassen sowohl lange schwe-
lende Technologien (wie Sprachübersetzung im Flug) wie recht neue Aufgaben
(z.B. das Bankenwesen in Drittländern).

7.3   Innovation und IT in der Dritten Welt

Einige der sich entwickelnden Länder sind selbst schnell wachsende IT-Industrien –
Indien insbesondere mit Dienstleistungen und Softwareentwicklung und einem riesigen
Reservoir an ausgebildeten Fachkräften. Diese IT-Industrien sind in die globalen Fir-
menstrukturen voll integriert: Call Center bedienen aus Indien die USA, aus Ungarn
Spanien bis Deutschland. Sogar die globalen Zentralen für diese Geschäftsbereiche
wandern in diese Länder, bei der globalen IBM etwa die Zentrale für Unternehmens-
dienste nach Indien, für Produktionsplanung nach China.

Für die breite Bevölkerung in allen sich entwickelnden Ländern, die so genannte „Base
of the Pyramid" (Abb. 3-7), bedeutet Innovation mit IT ganz wesentlich Innovation um
das mobile Telefon. Das mobile Telefon ist eine Art Grundnahrungsmittel geworden,
das mit etwa 2,4 Milliarden Exemplaren weltweit (allein eine Milliarde Nokia-Telefone)
der verbreitetste Computer ist. In Indien hatten im Jahr 2007 nur 3,5 % der Menschen
einen PC und damit Zugang zum Web und zu Internetdiensten, aber 20 % ein mobiles

Telefon mit stark steigender Tendenz. Ein weiteres Hindernis für Webanwendungen ist verbreitetes Analphabetentum. Eine konsequente Lösung ist die Umsetzung von üblichen Computer-Websites in sprachgesteuerte Websites mit von den Benutzern besprochenen oder vom Dienstelieferanten erzeugten Sprachinhalten, angereichert mit aktueller Information und Ortsinformation. Mögliche ländliche Anwendungen sind etwa (Kumar, 2007)

- Informationsdienste z.B. über Marktpreise oder die Ankündigung einer Lieferung,

- gesprochene Websites von Handwerkern wie „gelbe Seiten",

- die Abfrage der Wartelisten bei Ärzten,

- die Ankündigung von Stromabschaltungszeiten.

Voraussetzung für den Erfolg ist eine hinreichende Verbesserung der Sprachschnittstelle. Zusammen mit der Funktion des mobilen Telefons als Zahlsystem, das sogar den Transfer von kleineren Beträgen von Telefon zu Telefon ermöglicht, ergibt sich ein vollwertiges Mikrobusiness-Center. Es ist dann wahrscheinlich, dass diese Lösungen den Weg in die erste Welt finden – schliesslich ist auch hier das mobile Telefon ein zentrales Element des Lebens.

7.4 Schlussbemerkungen

Die IT ist weiter inmitten einer dynamischen Entwicklung, keinesfalls am Ende: In der Hardware geht es – leicht mühsam – dynamisch weiter, in der Software ist überhaupt kein Ende abzusehen. Auch in der Relation der IT zu uns Menschen ist keine Stagnation sichtbar – der Cartoon von Ray Kurzweil (Abb. 7-5) zeigt dies sehr menschlich. Das exponentielle Wachstum der IT ist spannend, und wir können und müssen das Erscheinen – die Emergenz – von weiteren neuen Phänomenen erwarten. Es ist eine Flut, die nach einem amerikanischen Spruch „viele Boote" hebt. Aber es gibt keine anschliessende Ebbe und kein Zurück: Die IT-Entwicklung – die „Singularität" – transformiert unsere gesamte Umwelt.

7.4.1 Digitale Gräben und „Bifurkationen"

Die Boote werden nicht gleichmässig gehoben – seit langem kennt man digitale Gräben oder „Digital Divides", vor allem im sozialen Bereich, d.h. in der Beziehung von Menschen zum Computer: Verschiedene Gruppen haben unterschiedliche Einstellungen zum Computer, nicht die gleichen Fähigkeiten im Umgang damit oder andere finanzielle Möglichkeiten für den Zugang. Digitale Gräben oder Aufspaltungen („Bifur-kationen") lassen sich etwa an folgenden Eigenschaften festmachen:

Abbildung 7-5:   *Der Mensch in der Verteidigung seiner intellektuellen Position*
                           (aus: Ray Kurzweil, 1999).

- computererfahren oder abstinent („computerphob" oder „computerphil", im Englischen treffend auch gebildet oder ungebildet, „computer literate oder il-literate"): zum Teil ein Graben zwischen den Generationen,

- mit oder ohne Zugang zum Internet und seinen Funktionen,

- Computerspieler ja oder nein,

- Computer heisst PC oder mobiles Telefon:

  o Der PC ist ein 1000- oder 2000-CHF-Notebook, eine 700-CHF-Hoch-leistungsspielekonsole – oder ein 100-CHF-Basiscomputer,

  o das mobile Telefon ist ein elegantes („geeky") Telefon für 500 CHF – oder ein funktionales 25-CHF-Gerät.

Diese letzteren Aufspaltungen betreffen zunächst die Relation zwischen entwickelten und sich entwickelnden Ländern. Aber auch die sozialen Ebenen innerhalb dieser Gesellschaften sind gespalten mit einer wohlhabenden Spitze zum einen und der Basis der Pyramide zum anderen.

Eine andere soziale Aufspaltung oder Bifurkation betrifft das Modell der Zusammenarbeit: klassisch mit strengem Patentschutz und proprietär oder in Gemeinschaft und offen.

Auch neue soziale Kompetenzen werden erlernt oder abgelehnt oder überhaupt nicht verstanden: das Einschätzen der Qualität einer Information, das intuitive Verständnis, ob man (wahrscheinlich) einer Information trauen kann. Schliesslich stehen im Web Universitätspublikation und Blog nebeneinander, akademische Information und „Internetsmalltalk". Im Extremfall schafft die virtuelle Welt und das Web selbst „eine" Wahrheit, zumindest reale Verdienstmöglichkeiten.

Erfreulicherweise gibt es Trends zur Überwindung der menschlich-digitalen Gräben: Im Generationenkonflikt hilft etwa elektronische Post, die für jedermann nutzbar ist, auch für die Kommunikation der Schweizer Grosseltern mit den Kindern in Spanien oder in Florida. Wikipedia und Blogs sind ebenfalls Eisbrecher in der Computerakzeptanz in breiten nichtprofessionellen Schichten. In dem grossen Spektrum der IT-Anwendungen sollte auch ein grosser Skeptiker oder sogar (Computer-)Maschinenstürmer – im Englischen ein Luddite – eine gute Einzelentwicklung finden.

Und erfreulicherweise kann man auch auf dem 100-CHF-PC der Dritten Welt die professionelle Softwareentwicklung lernen und auf dem 25-CHF-Telefon Handel treiben.

7.4.2   Digitale Konvergenzen

Die Geschichte der IT steht auch für eine Folge von Konvergenzen. Die IT konvergiert mit einer Folge von Wissenschafts- und Technologiebereichen (oder absorbiert sie schlicht): in den 90er Jahren die Kommunikationstechnologie, heute in weiten Bereichen die Biologie in Form der Genomik und der Proteomik. Dazu ist IT – insbesondere in der Form des Supercomputing – eine tragende und integrierte Säule von Physik, Chemie und sogar Mathematik geworden.

Das Internet hat viele Dokumente der Welt verbunden („hyperlinked") im weltweiten Web. Der beschriebene Trend „Sensoren überall" bedeutet: Nun bekommen auch die physikalischen Objekte eine digitale Identität und physikalische Hyperlinks. Zusammen mit den geographischen Systemen und Google Earth konvergieren die reale Welt und die IT-Struktur. Diese Konvergenz schliesst auch die Menschen ein, besonders durch das mobile Telefon und durch die fortlaufende Ortsinformation selbst bei mobilen Objekten. Die physikalische Welt wird überlagert von vielen digitalen Welten, die jeweils „ihre" Objekte sehen.

Die beschriebenen Softwaretrends bedeuten eine Konvergenz der wirtschaftlichen Systeme mit der IT: Die Möglichkeiten moderner und modularer Software passen zu den neuen Unternehmensstrukturen (bzw. umgekehrt!) sowohl der Grossunternehmen also auch der KMUs oder Kleinstunternehmen. Die globale Geschäftswelt entwickelt IT-Wolken („Clouds") von verfügbaren Dienstleistungen. Im Dienstleistungsbereich wächst die IT dadurch zusammen mit „weichen" Fähigkeiten wie Managementtechniken und Psychologie und „harten" Disziplinen wie stochastischer Mathematik („Business Optimization"). Im Ausbildungsbereich konvergieren IT-Disziplinen wie Softwareentwicklung und Software für Teams mit Wirtschaftsfächern zu „Service Engineering" oder „Service Science, Management and Engineering (SSME)" (Tadahiko Abe, 2005). Idealerweise wird der Leiter der IT, der CIO, ein Innovator auch im geschäftlichen Bereich seines Unternehmens.

Die Konvergenz geht, z.B. mit dem Web 2.0, über in den sozialen Bereich: Die IT dringt in die emotionale Welt ein. Die virtuellen Welten, in den Computerspielen wie in den „Metaversen" wie Second Life, und die sozialen digitalen Netze in realer wie virtueller Welt sind aktuelle Trends: Die reale Welt wird hier für manche Spieler nur ein störender und beengender Sonderfall – etwa wenn Spieler vor dem Spielecomputer verhungern oder verdursten. Alle Übergangsformen zwischen real und virtuell werden möglich, Welten mit eigenen Regeln oder beliebige Mischungen aus fiktiver und realer Welt. Dazu entsteht in der menschlichen Welt eine nahezu endlose Anzahl von digitalen Gemeinschaften.

Die IT erfüllt mit Computertechnik und Internet eine philosophische Idee des Theologen und Philosophen Pierre Teilhard de Chardin aus dem Jahr 1922 – die Vision des Zusammenwachsens der Menschheit „zu einem Geist", allerdings nun in weltlichem Sinn. Teilhard de Chardin hat dieses philosophische Konzept Noosphäre genannt und als Endstufe der Entwicklung der Menschheit betrachtet. In unserem Verständnis stehen wir inmitten einer dynamischen Entwicklung von globalen digitalen Gemeinschaften, die jeweils durch einen gemeinsamen Sinn verbunden werden. Insbesondere die Open-Source-Bewegung sieht das Konzept der Noosphäre enttheologisiert als ihren erreichten Zustand an.

Als letzte Konvergenz haben wir den Trend zur körperlichen oder nahezu körperlichen Konvergenz der IT mit uns Menschen als physischen Individuen. Bisher hat die IT unser äusseres Leben verändert, aber auch unmerklich uns selbst: Die Art zu denken und zu handeln hat sich (vermutlich) verändert und wird sich weiter verändern. Ein einfaches Beispiel ist die Möglichkeit, am Computer leicht zu experimentieren, in eine andere Anwendung zu springen und z.B. per Knopfdruck eine Handlung wieder rückgängig zu machen. Unsere Einstellung zu faktischem Wissen ist anders geworden durch Google und Wikipedia. Das Denken ist (wohl) strukturierter geworden, denn die gemessenen Werte in Intelligenztests sind über die letzten Jahrzehnte stetig gestiegen (Flynn-Effekt, siehe z.B. Steve Johnson, 2005). Eine Fülle von gegensätzlichen Studien gibt es zum Einfluss und den Gefahren von Computerspielen, etwa zur Aggressivität. Die einfachen Spiele trainieren körperlich die Feinmotorik und einfache Mustererkennung, die anspruchsvollen Spiele wie MMORPGs werden zu Lehrbeispielen für Teamverhalten, für das Erlernen des Erfolgs im Team, für strategisches Denken und für den Umgang mit modernen Unternehmensstrukturen. Diese erweiterte Erfahrungswelt wird wohl auch die Menschen selbst weiter verändern.

Und es beginnt das direkte Ankoppeln von Geräten an Nervensystem und Gehirn (BCI, Brain Computer Interface), von aussen mit funktioneller Magnetresonanztomographie (fMRI) oder invasiv mit implantierten Chips als „Neuronal Interface Devices" (NIDs) – das ist dann die körperliche Konvergenz der IT mit uns Menschen (Kevin Warwick, 2006).

Wir sind noch lange nicht am Ende der Entwicklung der IT.

8   Die Kernaussagen in Kurzform: „Executive Summaries"

Unzweifelhaft beeinflusst die Entwicklung der IT viele Aspekte unseres Lebens, sowohl beruflich als auch weltanschaulich. Aus der Erfahrung mit vielen Workshops – mit Laien, mit CIOs, mit Forschungsleitern und mit Politikern – kristallisierten sich drei Kategorien von Fragestellungen heraus:

- Für jedermann: Wie entwickelt sich die IT?

- Für IT-Professionals, etwa für CIOs: Was bedeutet diese Entwicklung für die pragmatische IT?

- Wieder für jedermann: Was bedeutet diese Entwicklung für uns Menschen und unsere Welt?

Die folgende Auflistung versucht in aller Kürze, in nahezu tabellarischer Form die vorhergehenden Kapitel in diesem Sinne zusammenzufassen. Im Jargon der IT-Branche könnte man dieses Vorgehen als „to bulletize" bezeichnen; hier die zugehörige humorvolle Definition aus einem inoffiziellen Lexikon der englischen Computer- und Business-Sprache (Mike Cowlishaw, IBM, ca. 1995, unveröffentlicht):

bullet *n.* One of a list of items to be emphasized, usually marked by a blob (bullet) alongside it on a foil. „And the next bullet is absolutely vitale ...".

bulletize *v.* To convert a proposal, argument, or result into a list of items for a foil (which may or may not be preceded by bullets). Implies extracting the essence of an argument, but in reality means emphasising the most politically acceptable items from a proposal.

8.1 Empfehlungen und Kernaussagen zu den Abschnitten

1. Die exponentielle Entwicklung der Grundtechnologien und Systeme

Für IT-Leute:

Es geht weiter mit neuen Computergenerationen und mit weiterem exponentiellem Wachstum. Auch die Systemgrössen werden weiter exponentiell wachsen, manche massvoll, andere explosionsartig. Nur wird das technische Wachstum etwas schwieriger als bisher. Und: Der Stromverbrauch wird und muss beachtet werden.

Für jedermann:

Wir leben in der Singularität (Näheres in Kapitel 1 zu diesem Begriff) – der Computer wird weiter in unsere menschlichen Bereiche vordringen. Die IT wirkt in vielen Bereichen als Beschleuniger. Ein hartes Ende dieser Entwicklung ist nicht absehbar.

2. Trends im Computerdesign wie mehr und tiefere Parallelität und anpassungsfähige Hardware

Für IT-Leute:

Die Ausnützung der neuen Designs ist i. Allg. nicht trivial. Zum einen muss das Potenzial spezieller optimierter Systeme beachtet werden, zum andern wird für die Praxis noch auf viele Jahre hinaus ein schneller Einzelprozessor vorteilhaft sein.

Die Grenzen zwischen Hardware und Software verschwimmen durch schnelle programmierbare Logik.

Für jedermann:

Die innere Struktur der Computer wird komplexer und anpassungsfähiger an die gestellte Aufgabe, in diesem Sinne „biologischer". Der Fortschritt verlagert sich z.T. in die Software der Chips selbst.

3. Sensoren überall

Für IT-Leute:

Hier liegt ein grosses Potenzial an neuen Produkten und Dienstleistungen um alle physikalischen Objekte herum (inkl. Menschen und Tiere). Die Technologien sind weitgehend vorhanden – nahezu unabhängig vom Ort der Objekte. Die Unternehmens-EDV erfasst weltweit auch ihre physikalischen Objekte in Echtzeit, wenn nötig – von Autos bis zu Patienten und Solarzellen.

Für jedermann:

Auch die (physische) Welt wird in vielen Aspekten digitalisiert und damit transparent, steuerbar und optimierbar (d.h. auch nachhaltig). Soziale Prinzipien kehren sich um und viele soziale Strukturen werden möglich, vom „Big Brother" bis zum „partizipatorischen Panoptikum", „Surveillance" oder „Sousveillance" oder irgendetwas dazwischen.

Und: Der Elektrosmog wird umfassender, nimmt aber an Stärke wieder ab.

4. Softwaretrends mit Open Source, Web Services, Regulierungen und Web 2.0

Für IT-Leute:

Die Software macht grosse Fortschritte: technisch und sozial. Moderne Software erlaubt Flexibilität für Grossunternehmen wie KMUs bei gleichzeitigem Durchblick auf die Risiken. Dazu müssen unbedingt die Konsequenzen der Wellen Web 2.0 (soziale, einfache Software und Inhalte) und Open Source (soziale, professionelle Software) beachtet werden. Diese Trends sind bestimmend für die Strategie jedes Unternehmens, das von IT (und Software) abhängt. Unternehmen benötigen (trotz Outsourcing) immer mehr IT-Professionals und insbesondere Spitzenkräfte.

Für jedermann:

Software wird zum Träger aller komplexen Systeme. Letztlich wird nahezu alles zu Software (d.h. zu Arbeitsanweisungen an Computer, z.T. mit eingeschalteten Anweisungen und Entscheidungsmöglichkeiten für Menschen).

Dazu kommt nun Software von so einfacher Bedienung, dass sich ihre Resultate nahezu explosionsartig verbreiten können und die zugehörigen Unternehmen entsprechend wachsen.

5. Digitale Gemeinschaften mit sozialem Computing, Computerspielen und virtuellen Welten wie Second Life

Für IT-Leute:

Da IT-Systeme relativ betrachtet immer preiswerter werden, wird IT für und mit Menschen immer wichtiger. Software für Zusammenarbeit (wie „Jams") kann auch die Innovationsfähigkeit von Unternehmen fördern.

Virtuelle Welten sind nicht unumstritten, aber 3D-Erlebnistechnologien werden bleiben und sind für alle Unternehmen von Bedeutung.

Für jedermann:

IT dringt weiter in soziale Bereiche vor und verändert viele gesellschaftlichen Bereiche, etwa den Freizeitbereich, die Medien, den Handel und die Ausbildung.

Auch die Geschwindigkeit sozialer Prozesse wird beschleunigt: IT erlaubt es immer schneller, sich einer Gruppe anzuschliessen oder eine Idee zu adaptieren.

Die virtuellen Welten werden weiter an Bedeutung zunehmen, und alle Mischformen zwischen realer Welt, digital verstärkter realer Welt, Spiegelwelten und virtuellen Welten sind sinnvoll und werden Anwendungen finden.

Die resultierenden sozialen Konsequenzen sind schwer absehbar.

6. Trends in (und zu) Services

Für IT-Leute:

Die IT nimmt eine zentrale Rolle ein bei Services (und die Services werden eine zentrale Rolle in Unternehmen und Gesellschaft einnehmen), insbesondere bei innovativen Diensten. Dazu gehören moderne Softwaretechnologie, aber auch Mathematik und neue Schnittstellen zum Menschen. In der Ausbildung gibt es einen starken Trend, dies in der Ausbildung zum Serviceingenieur zusammenzufassen.

Für jedermann:

Informationstechnologie bringt laufend Innovationen in Dienstleistungen ein, die z.B. die menschliche Produktivität erhöhen. Dies ist ein extrem wichtiger Vorgang für die Gesellschaft, allerdings ein niemals endender Prozess (Baumol-Effekt): Letzten Endes sind die menschlichen Leistungen ausschlaggebend.

Der IT-Service „persönlicher Roboter" hat den Durchbruch noch nicht erreicht, sollte aber beobachtet werden. Humanoide Roboter könnten eine technisch wie sozial bedeutsame „grosse" Innovation werden.

7. IT und Innovation: IT als Hilfsmittel und als Kerntechnologie

Für IT-Leute:

Die professionelle Einschätzung neuer Technologien angesichts des Hypes bleibt eine permanente professionelle Aufgabe.

Die IT fördert Innovation indirekt in der Kultur des Unternehmens und in der intensiven Zusammenarbeit der Mitarbeiter (besonders global) und direkt in besseren oder neuen Prozessen, Produkten oder Diensten. Eventuell sind dies alles Aufgaben für den CIO.

Für jedermann:

Informationstechnologie durchdringt die physikalische Welt, die Unternehmen, die soziale Welt: Dadurch ist sie die Schlüsseltechnologie und der Beschleuni-

ger für Innovation, entweder selbst oder als Hilfsmittel der anderen Bereiche, von Nanotechnologie bis Life Sciences.

Die Beobachtung der Technologieentwicklung zwischen journalistischem Hype und wirtschaftlicher Realität bleibt eine faszinierende Aufgabe.

Und: Die Entwicklung ist noch lange nicht zu Ende.

9 Anhang

9.1 Abkürzungen und Akronyme in der IT: Vorbemerkung

Die Informationstechnologie ist ein Gebiet, das besonders viele Abkürzungen und Akronyme verwendet: Akronyme sind dabei nach einer verbreiteten Definition Abkürzungen, die als Wort gesprochen werden können. In der Tat ist es ein intellektuelles Vergnügen, Akronyme zu erfinden, die ein sinnvolles Wort ergeben (Apronyme) oder die ihrerseits wieder auf Akronymen aufbauen und damit Akronyme höherer Ordnung darstellen oder gar das gleiche Akronym wieder enthalten. Die zugehörigen Wikipedia-Artikel geben Details und Beispiele.

Da sich die Sprache laufend verändert und anpasst, werden erfolgreiche Akronyme selbst zu feststehenden Begriffen: Dies ergibt das Problem von Tautologien wie „LCD-Displays", „RAM-Memory" oder „IT-Technologie", die von Puristen in einer Übergangsphase zumindest als störend empfunden werden.

Die unteren Listen enthalten die wichtigsten in den Kapiteln verwendeten neueren Abkürzungen und Fachbegriffe – ein vollständiges Lexikon der IT ist angesichts der Dynamik der Entwicklung und der Vielfachbelegung insbesondere der TLAs (Three Letter Abbreviations, Dreibuchstaben-Abkürzungen) vollkommen aussichtslos!

9.2 Verwendete Abkürzungen

ACID	Atomic, Consistent, Isolated, Durable – Grundeigenschaft klassischer Transaktionssysteme
AMM	Automatic Meter Management – Messen und Steuern von Geräten aus der Ferne
BCI	Brain Computer Interface (Hirn-Maschine-Schnittstelle) – ein direkter Kommunikationspfad Gehirn–Computer.
CEO	Chief Executive Officer – der Leiter eines Unternehmens
CIO	Chief Information Officer – der Leiter der Informatik eines Unternehmens
CMOS	Complementary Metal Oxide Semiconductor – Bezeichnung für die heute verwendete Halbleitertechnologie in Computern
CNT	Carbon Nano Tubes – Kohlenstoffnanoröhrchen, eine besondere Form von Kohlenstoff
COTS	Commercial off-the-shelf – Hardware von der Stange (und dadurch besonders niedrig im Anschaffungspreis)
CRM	Customer Relationship Management – das Management der Kundenbeziehungen eines Unternehmens
CRT	Cathode Ray Tube – Bildschirme, die mit Kathodenstrahlröhren arbeiten (veraltet)
CTO	Chief Technology Officer – der Verantwortliche für die jetzigen und zukünftigen Technologien in einem Unternehmen
EDV	Elektronische Datenverarbeitung – leicht verstaubter Begriff für Computersysteme
EPC	Electronic Product Code – Code für die eindeutige Kennzeichnung von Objekten
FLOPS	Floating Point Operations per Second – Gleitkommarechnungen pro Sekunde; klassische Masseinheit für wissenschaftliche Computersysteme
FOAK	First of a Kind – ein Pilotprojekt einer Forschungs- oder Entwicklungsabteilung mit einem Kunden
GIS	Geographical Information System – Softwarezugang zu geographischen Daten
GPS	Global Positioning System – das jetzige satellitenbasierte Positionssystem
GTO	Global Technology Outlook – ein technischer Bericht zur Zukunft aus Sicht eines Unternehmens (insbesondere IBM)

GUPS	Giga Updates pro Sekunde – Milliarden geleisteter zufälliger Speicheroperationen pro Sekunde; ein Leistungstest für das Speichersystem eines Computers
HDD	Hard Disk Drive – magnetische Speicher mit rotierenden Platten
ICT/IKT	Informations- und Kommunikationstechnologie
IT	Informationstechnologie
KMU	Kleine und mittlere Unternehmen
KPI	Key Performance Indicator – Masszahl für eine bestimmte wirtschaftliche Leistung im Unternehmen
LCD	Liquid Crystal Display – Bildschirmtechnologie mit Flüssigkristallen
LOC	Lines of Code, Anzahl der Programmzeilen – ein triviales Mass für Software; manchmal auch SLOC für Quellencode (Source Lines of Code)
MDD	Model Driven Development – Softwareentwicklung in den Begriffen eines Fachgebiets, z.B. des Versicherungswesens
MMORPG	Massively Multiplayer Online Role Playing Games – Rollenspiele im Computernetz mit vielen Teilnehmern
MRAM	Magnetic Random Memory – Chipspeichertechnologie mit magnetischem Speicherprinzip
MTIR	Multiple Thread, Instant Response – vielfältige Tätigkeiten mit schneller Reaktion durchführen, technisch wie menschlich gemeint
NFC	Near Field Communication – eine Kommunikationsfunktion des mobilen Telefons über wenige Zentimeter, vor allem zu Objekten
NID	Neuronal Interface Device – die Ankopplung von Computerkomponenten an das Nervensystem bzw. an das Gehirn
ODIS	On Demand Innovation Services – beim Unternehmen IBM Innovation im IT-Bereich als Dienstleistung der Forschungsabteilung für ausgewählte Kunden
ORX	Operational Risk Data Exchange – Bankenorganisation zum Austausch von Risikodaten
PLC	Power Line Communication – Datenübertragung über die Stromleitung zum Endverbraucher
RAID	Redundant Array of Independent Disks – verschiedene Verfahren zur Organisation mehrerer Festplatten für erhöhte Systemsicherheit
RAM	Random Access Memory – ein frei adressierbarer Speicher

RAMAC	Produktname des ersten Plattenspeichersystems (von grosser historischer Bedeutung)
RFID	Radio Frequency IDentifiers – Radioetiketten für Objekte
SaaS	Software as a Service (Einzelleistung) – Gegensatz zu Software, die als Produkt als Ganzes gekauft wird
SCADA	Supervisory Control and Data Acquisition – die betrieblichen Systeme der Energiewirtschaft
SLURL	Second Life URL – die Adresse eines virtuellen Orts oder Objekts in der virtuellen Welt „Second Life"
SNA	Social Network Analysis – die Analyse der menschlichen Beziehungsnetze in einer Gruppe
SOA	Service Oriented Architecture – systematischer Aufbau eines Softwaresystems aus Webdiensten
SSME	Service Science, Management and Engineering – eine Initiative zur Etablierung eines Studienfachs für die Servicewirtschaft
STEM	Science, Technology, Engineering, Mathematics – die grundlegenden Disziplinen der Industriegesellschaft
TLA	Three Letter Acronym – ein Akronym aus drei Buchstaben, die häufigste Art von Akronymen
UAV	Unmanned Aerial Vehicle – Flugdrohne, kleiner fliegender Roboter
ULS	Ultra Large Systems – Systeme aus einer extrem hohen Zahl von Bausteinen
URL	Universal Resource Locator – die Adresse einer Datei im Web
USB	Universal Serial Bus – moderne bequeme Computerschnittstelle für Geräte
UWB	Ultra Wide Band – ein drahtloses radarähnliches Übertragungsverfahren
VLSI	Very Large Scale Integration – Höchstintegration von Transistoren auf der Silizium- Unterlage
WiMAX	Worldwide Interoperability for Microwave Access – drahtloser Hochgeschwindikeitszugang zum Internet, auch IEEE 802.16
WLAN	Wireless Local Area Network – ein drahtloses lokales Kommunikationsnetz

9.3   Auswahl der verwendeten Fachausdrücke

2.0	Eigentlich Web 2.0. Sammelbegriff für Internetanwendungen, die auch Laien oder Halbprofessionals ansprechen.
ab initio	Hier: quantenmechanische Simulation von Objekten, ausgehend von den Naturkonstanten.
Ambient Display	Bildschirme, die in die Arbeitsumgebung eingebettet werden als unaufdringliche Computerschnittstelle.
Architektur	Wie bei Immanuel Kant (1781) in der „Kritik der reinen Vernunft" auch in der IT „die Kunst der Systeme", von Plattformen bis zu Anwendungen.
aspektorientiert	Hier: „Weben" von Steuerfunktionen (eines Aspekts) in ein existierendes IT-System.
Attention Economy	Informationswirtschaft bei einer Flut von Informationen und der menschlichen Aufmerksamkeit als Begrenzung.
Augmented Reality	Siehe verstärkte Realität.
Avatar	Repräsentanz eines Menschen in einer virtuellen Welt; ursprünglich aus dem Sanskrit.
Baumols Krankheit	Die menschliche Arbeit als Kern jedes Service: damit die Grenzen der Automatisierung von Diensten.
Bayes Netzwerk	Statistische Methode zur bestmöglichen Sicht auf die Entwicklung einer Gruppe, z.B. von Kunden oder Patienten.
Benchmarking	Vergleich von Prozessen und Erfahrungsaustausch
Bifurkation	Die Aufspaltung eines IT-Bereichs in eine „arme" und eine „reiche" Version, etwa beim PC. Vgl. Digital Divide.
Brown-out	Teilweiser „Black-out" in einem Netz, gesteuert oder unabsichtlich.
Coases Gesetz	Nach Ronald Coase: Hier der Einfluss der Kosten von Grenzüberschreitungen auf die Bildung von Systemen.
Commodity	Ein Produkt mit sehr niedriger Gewinnspanne, aber eventuell sehr grossen Stückzahlen.
Continuous Partial Attention	Die Aufteilung der Ressource „Aufmerksamkeit" auf verschiedene Kanäle nahezu parallel; Gegensatz zu Flow.

De-Identifikation	Technik zur Anonymisierung von Daten bei Bewahrung wertvoller Aussagen.
Digital Divide	Die Aufspaltung einer Population in „computergebildet" und „computerungebildet". Vgl. Bifurkation.
Embodiment	Verkörperung, hier: holistische Sichtweise der Intelligenz, die Körper und Intelligenz (d.h. Anwendung und Prozessor) gemeinsam optimiert.
Emergenz	Emergence: Das Entstehen einer neuen Eigenschaft aus Komponenten; diese Eigenschaft ist sinnlos für die Komponenten allein.
Enough-Technologie	Technologie, die für die ursprüngliche Aufgabenstellung ausreicht und damit an sich keinen Weiterentwicklungsdruck hat.
Entrenched Technology	Eine etablierte Technologie („im Schützengraben") mit grossem Entwicklungsbudget.
Event Driven	Systeme, in denen Sensordaten Reaktionen auslösen, häufig in Echtzeit.
Extended Identity	Die Erweiterung einer Person auf ihre virtuelle(n) Identität(en).
Extrapreneur	Ein Unternehmer (Entrepreneur), der mit einem externen Netzwerk von Partnern eigene Werte erzeugen kann.
Flow	Psychologischer Zustand des Aufgehens in einer Aufgabe; Gegensatz zu Continuous Partial Attention.
Flynn-Effekt	Zunahme der Leistungen in Intelligenztests in den letzten Jahrzehnten.
Geek	„Gecke": Ein früher Käufer einer Technologie, dem es auf das Besondere und die Abgrenzung vom Üblichen ankommt.
Geofencing	Verknüpfung von Aktionen mit dem Überschreiten einer (virtuellen oder realen) Grenze.
Gilders Gesetz	Beobachtung, dass die preiswerteste Ressource und die teuerste in der IT die IT-Architektur bestimmen.
Groschs Gesetz	Historische Aussage, dass die Leistung von Computern mit dem Quadrat der Kosten steigt. Damit wurden Grossrechner favorisiert.
High-K-Material	Material mit hoher Fähigkeit der Speicherung elektrischer Ladung (hoher Dielektrizitätskonstante).

Intrapreneur	Mitarbeiter in einem Unternehmen, der wie ein Entrepreneur (Unternehmer) agiert.
Jam	Hier: interaktive, sich selbst entwickelnde Diskussion; mit IT möglich für nahezu beliebig grosse Gruppen.
Killeranwendung	Jargonausdruck für eine Computeranwendung, die einen Bereich dominiert und allein schon zum Erfolg bringt.
Leapfrogging	Hier: das Überspringen einer Entwicklungsstufe (in einem Entwicklungsland).
Lifelogging	Die Aufzeichnung der Informationsströme, die zu einer Person (ein Leben lang) gehören.
Lithographie	Produktionstechnik von Chips durch Kombination von Druck- und Ätzvorgängen.
Mash-up	Einfaches Zusammenfügen von Programmen zu einer neuen Anwendung; aus der Musik.
Metaversum	Eine virtuelle Welt, in der Avatare agieren.
Mind Transfer	In der Science-Fiction: die Übertragung des Bewusstseins eines Menschen in das Innere eines Computers.
Mirrored World	Siehe Spiegelwelt.
Mooresches Gesetz	Zentrale Beobachtung und Vorhersage des exponentiellen Wachstums der Computertechnologie.
Noosphäre	Philosophisch-theologische Idee des Zusammenwachsens der Menschheit zu einem Geist.
On Demand	Hier: eine spontan zur Verfügung stehende Systemleistung.
Open Source	Offene Software: Software, die nicht proprietär erstellt wird, sondern unter einem „offenen", auf Gegenseitigkeit beruhenden Lizenzmodell.
partizipatorisches Panoptikum	Soziale Struktur, in der jeder jeden überwacht, z.B. auf Einhaltung von moralischen Vorschriften; Gegensatz zum „Big Brother" aus dem Roman „1984" von George Orwell.
Peer-to-Peer	Zusammenarbeit von eventuell sehr vielen (nahezu) gleichberechtigten Teilnehmern; Gegensatz zu hierarchisch.

Perkolation	Durchdringung eines Mediums im Gegensatz zur isolierten Inselbildung.
Pervasive Computing	Computer (Chips) überall, nahezu identisch mit „Ubiquitous Computing".
Photonik	Die Kombination von elektronischen Bausteinen mit Optik.
Policy	Hier: Summe der Regeln zur Ausführung von Programmen; Grundlage z.B. für den Datenschutz.
Presentity	Summe aller Eigenschaften einer Person (zu einem Zeitpunkt), wie momentaner Ort und Rolle.
Rebound- Effekt	Vervielfachung einer Grösse durch neue Anwendungen als Folge einer Verbilligung; ein Beispiel ist der Computer.
Reeds Gesetz	Die Aussage von David Reed, dass die Mächtigkeit eines Netzes exponentiell zunehmen kann mit der Zahl der Knoten (und nicht nur quadratisch).
Self Assembly	Produktionstechnik, bei der die Strukturen selbsttätig wachsen wie Kristalle; Gegensatz ist in der IT die Lithographie.
Singularität	Im futuristischen Sinn: die behauptete weitere Beschleunigung der Evolution durch die Symbiose mit dem Computer (z.B. Kurzweil, 2006).
Sousveillance	Überwachung „von unten", d.h. von Teilnehmern selbst, s. auch „partizipatorisches Panoptikum".
Spiegelwelt	Virtuelle 3D-Darstellung nach einem existierenden Vorbild aus der realen Welt.
Streaming Processing	Die kontinuierliche Analyse von Datenströmen, z.B. zur Identifikation von besonderen Situationen (Events).
Thread	Hier: eine Folge oder ein Strang von zusammenhängenden Aufgaben.
verstärkte Realität	Erweiterung der physikalischen Welt durch digitale Verbindungen, häufig über Sensoren oder Videokameras
Wiki	Hawaiianisch „schnell": eine Website, deren Inhalt von den Benutzern geändert werden kann.
Witricity	Ein Portmanteau-Wort aus „Wireless" und „Electricity"; ein effizientes Verfahren zur drahtlosen Energieübertragung.

9.4 Ausgewählte Referenzen

Viele aktuelle Begriffe finden sich unmittelbar als Wikipedia-Artikel und werden in der Liste nur ausnahmsweise aufgeführt. Es liegt in der Natur der IT, dass viele aktuelle Informationen in der Form von Firmeninformationen oder in „2.0"-Formaten wie Blogs oder Podcasts vorliegen: Wir geben auch solche Referenzen hier nur ausnahmsweise wieder.

Abe, Tadahiko (2005). What is Service Science? Fujitsu Research publication.
http://jp.fujitsu.com/group/fri/downloads/en/economic/publications/report/2005/246.pdf

Ambrosio, Ron (2006). The Intelligent Utility Network, Transcript of an IBM Podcast „How it works".

Asimov, Isaac (1982). Meine Freunde, die Roboter, Heyne Verlag.

Bell, Gordon und Jim Gemmell (2007). Digitales Gedächtnis – das Leben als Datenbank, in: Spektrum der Wissenschaft, 05/2007, S. 84–92.

Bohr, Mark (2006). A 30 Year Retrospective on Dennard's MOSFET Scaling Paper, IEEE.org.

Booch, Grady (2004). Handbook of Software Architecture: Software Architecture, www.booch.com/architecture/blog/artifacts/Software%20Architecture.ppt.

Booch, Grady (2007). Object-Oriented Analysis and Design with Applications, 3rd Edition, Addison-Wesley.

Booch, Grady (2007). The promise, the limits, the beauty of software. Manchester Turing Lecture 2007, www.csta.acm.org/Resources/sub/Turing_Lecture.ppt.

Bosworth, Barry P.; Jack E. Triplett (2003). Productivity Measurement Issues in Services Industries: „Baumol's Disease" has been Cured. The Brookings Institution.

Brand, Stewart (2006). Die Zukunftsvision des Vernor Vinge, Technology Review auf heise.de.

Cell Processor – Wikipedia (2007). de.wikipedia.org – the free encyclopedia.

Chen, James K. C., et al. (2007). A Study of Personal Service Robot Future Marketing Trends, IAMOT Conference 2006, www.iamot.org/conference/index.php/ocs/10/paper/view/1266/553.

Chesbrough, Henry, und Spohrer, Jim (2006). A Research Manifesto for Services Science, Communications of ACM, Vol. 49, Issue 7, pp. 35–40.

Christensen, Clayton M. (1997). The Innovator's Dilemma: When New Technologies Cause Great Firms to Fail. Harvard Business School Press.

Cockburn, Alistair (2004). Crystal Clear: A Human-Powered Methodology for Small Teams, Addison-Wesley.

Cowlishaw, Mike (2006). IBM REXX Brief history, IBM, www-306.ibm.com/software/awdtools/rexx/library/rexxhist.html.

Csikszentmihalyi, Mihaly (1995): Flow. Das Geheimnis des Glücks, Klett-Cotta.

Dennard, Robert (1974). „Design of ion-implanted MOSFETs with very small physical dimensions", IEEE Journal of Solid State Circuits, Vol. 9, Issue 5, pp.256–268.

Dvorsky, George (2007). Sentient Developments – Must know terms for today's intelligentsia. Sentientdevelopments.blogspot.

Endres, Albert (2005). Erfindungen und Innovationen in der Informatik, Informatik.

Engelbart, Douglas (1963). A conceptual framework for the augmentation of man's intellect, in Howerton and Weeks (Eds.), Vistas in Information Handling, Spartan Books, Washington, D. C.

Fehr, Markus (2006). How to build and maintain trust in virtual teams. Henley Management College MBA dissertation (limited circulation).

Fenn, Jackie (2007). Understanding Gartner's Hype Cycles, www.gartner.com/DisplayDocument?id=509085.

Flynn Effect – Wikipedia (2007), en.wikipedia.org – the free encyclopedia.

Gantz, John F., et al. (2007). The Expanding Digital Universe. IDC White Paper.

Gilder, George (1996). The Gilder Paradigm, in Wired 4.12 at www.wired.com.

Gilder, George (2006). The Information Factories, in Wired 14.10 at www.wired.com.

Grochowski, Ed. (2003). HDD Roadmap, Hitachi Global Storage Technologies, und private Mitteilung (2008).

IBM/ETH (2007). Printing to the Nanoscale, www.zurich.ibm.com/news/07/nanoprinting.html.

IBM GIO, Global Innovation Outlook 2006 (2006), www.ibm.com/gio.

IBM GIO 2007 Report. Virtual Worlds, Real Leaders. Bei www.ibm.com/gio oder zu beziehen von IBM.

IBM ODIS, On Demand Innovation Services (2007). Bei www.research.ibm.com/odis.

IBM Research (1997). Kasparov vs Deep Blue, the Rematch,
www.research.ibm.com/deepblue.

Intel on Moore's Law (2007). Moore's Law, bei www.intel.com/technology.

Jensen, Kenneth, et al. (2007). Nanotube Radio: Supplementary Materials,
www.physics.berkeley.edu/research/zettl/projects/nanoradio/radio.html.

Johnson, Steve (2005). Everything Bad is Good for You. Riverhead Books,
Penguin Group, USA.

Kemp, Charles, et al. (2007). Challenges for Robot Manipulation in Human Environ-
ments, IEEE Robotics and Automation Magazine, March 2007.

Kumar, Amit (2007). The Worldwide Telephone Web, ACM Workshop on Networked
Systems for Developing Countries, Tokyo.

Kurzweil, Ray (1999). The Age of Spiritual Machines, Viking.

Kurzweil, Ray (2006). The Singularity Is Near: When Humans Transcend Biology, Viking.

Langheinrich, Marc (2006). Design by Privacy – Principles on Privacy-Aware Ubiquitous
Systems. ETHZ Zurich, Switzerland.

Maglio, Paul, et al. (2006). Service systems, service scientists, SSME, and innovation,
CACM Vol. 49.

Martin, Richard (2007). The Red Shift Theory in: Information Week News, August 18,
2007.

Mattern, Friedemann (Hrsg., 2007). Die Informatisierung des Alltags –
Leben in smarten Umgebungen, Springer Berlin Heidelberg.

Metaverse Roadmap (2007). Pathways to the 3D Web, accelerating.org
und metaverseroadmap.org.

Northrop, Linda, et al. (2006). Ultra-Large-Scale Systems: The Software Challenge of
the Future. Pittsburgh, PA: Software Engineering Institute, Carnegie Mellon University.

O'Hara, Kieron, et al. (2006). Memories for Life: a review of the science
and technology. Journal Royal Society Interface, Vol. 3, pp. 351–365.

O'Reilly, Tim (2005). What is Web 2.0, oreillynet.com.

Parallel Computing – Wikipedia (2007). en.wikipedia.org – the free encyclopedia.

Pfeiffer, Rolf, und Christian Scheier (1999). Understanding Intelligence, MIT Press.

Pfeiffer, Rolf, und Josh Bongard (2006). How the Body Shapes the Way We Think. MIT Press.

Pinchot, Gifford (1985). Intrapreneuring, Harper and Row.

Pinchot, Gifford, und Ron Pellman (1999). Intrapreneuring in Action, Berrett und Koehler, San Francisco.

Prahalad, Coimbatore K. (2006). The Fortune at the Bottom of the Pyramid: Eradicating Poverty Through Profits, Wharton School Publishing.

Raymond, S. Eric (2001). The Cathedral and the Bazaar, O'Reilly.

Reed, P. David (2001). The Law of the Pack, Harvard Business Review.

Riel, Heike, und Emanuel Lörtscher (2007). In: www.physorg.com/news73844238.html.

Rymaszewski, Michael, et al. (2007). Second Life – the Official Guide, Wiley, Indianapolis.

Simon, Herbert (1971). Designing Organizations for an Information-Rich World, in: Martin Greenberger, Computers, Communication, and the Public Interest, The Johns Hopkins Press.

SI prefix – Wikipedia (2007), en.wikipedia.org – the free encyclopedia.

Sood, Aditya dev. (2006). The Mobile Development Report, Center of Knowledge Societies. http://www.cks.in/mdr/.

Spohrer, Jim (1999). Information in Places, IBM Systems Journal, Vol. 38, No. 4.

Spohrer, Jim, und Maglio, Paul P. (2007). Steps towards a Science of Service Systems, IEEE Computer, January 2007.

Stewart, Ian (2002). The Mathematics of 2050. In: The Next Fifty Years, Powell's Books 2002, p. 29–40.

Stix, Gary (2006). Recognition Engines, Scientific American, January 2006.

Stone, Linda (2006). Attention – the Real Aphrodisiac. Keynote at Etech 2006, http://radar.oreilly.com/archives/2006/03/etech_linda_stone_1.html

Tchen, Thomas, et al. (2005). Cell Broadband Engine Architecture and its first implementation, IBM Developerworks Library.

US Environmental Protection Agency Energy Star (2007). Report to Congress on Server and Data Center Efficiency.

Van Lunteren, Jan (2006). A Novel Processor Architecture for High-Performance Stream Processing, in HotChips 18, Stanford 2006.

Viegas, Fernanda B., et al. (2004). Studying Cooperation and Conflict between Authors with history flow Visualizations, CHI 2004, Vienna, http://alumni.media.mit.edu/~fviegas/papers/history_flow.pdf.

Vinge, Vernor (2003). What is the Singularity? Vernor Vinge on the Singularity, in: ugcs.caldech.edu.

Warwick, Kevin (2007). The Promise and Threat of Modern Cybernetics, Southern Medical Journal, Vol. 100, pp. 112–115.

Wilensky, Uri (1998). NetLogo Percolation Model. Northwestern University, eigene Simulationsmöglichkeit bei http://ccl.northwestern.edu/netlogo/models/Percolation.

WiMAX – Wikipedia, en.wikipedia.org – the free encyclopedia.

World Urban Forum (2006). Habitat Jam – Summary Report, http://www.wuf3-fum3.ca/en/pdf/Habitat_JAM_Report_en.pdf

9.5 Farbige Abbildungen

1 Die exponentielle Entwicklung der Grundtechnologien

Abbildung 1-2: *Hafniumdioxid- und Vakuumtechnologie sind Beispiele aus einer Vielzahl von technischen Innovationen, die insgesamt das Moore'sche Gesetz noch für einige Jahre möglich machen.*

1-2a (links): *In Zukunft wird Hafniumdioxid in Siliziumtransistoren eingesetzt werden. Das Verhalten wurde auf dem Supercomputer ausgiebig simuliert; das Bild illustriert ein typisches Simulationsresultat (IBM, 2007).*

1-2b (rechts): *Vakuumkanäle isolieren effizient zwischen dem kilometerlangen Netz von Leitungen auf dem Chip (IBM, 2007).*

 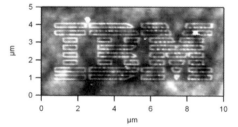

Abbildung 1-3: *Das IBM-Logo durch Nanomanipulation. Beide Bilder wurden mit Hilfe von Atomic-Force-Mikroskopie (AFM) hergestellt, bei der Atome oder Moleküle an einer feinen Spitze „kleben" (IBM).*

1-3a (links): *Das Logo aus einzelnen Atomen – ein Klassiker der Nanowissenschaft (1990).*

1-3b (rechts): *Das Logo aus genetischen Bausteinen (DNA-Fragmenten) – Technologien aus der Mikroelektronik für Life Sciences (2006).*

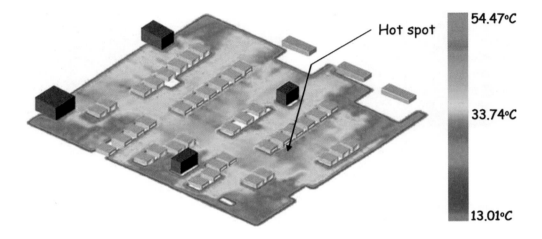

Hot spot

54.47°C

33.74°C

13.01°C

*Abbildung 1-6: Wärmeverteilung in einem konventionellen Rechenzentrum mit unwirtschaft-
lichen Hot Spots: Modernes Engineering kann den Stromverbrauch um zwei
Drittel (oder mehr) reduzieren (IBM, 2007).*

2 Trends im Computer System Design

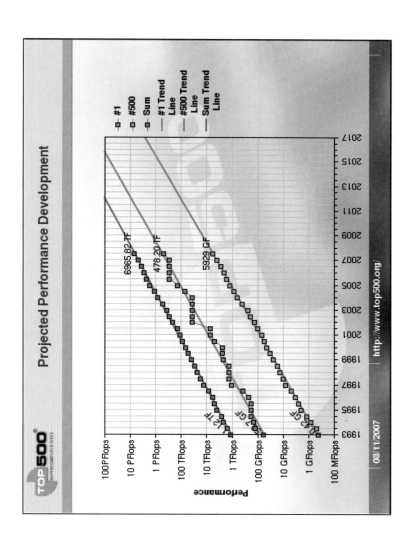

Abbildung 2-1: Entwicklung und Vorhersage der Rechenleistung an der Spitze (Quelle: TOP500 Organisation, 2007). Die Kurven bedeuten jeweils die Entwicklung des schnellsten Rechners (N = 1), des Rechners am Ende der Liste der 500 (N = 500) sowie der Gesamtleistung (SUM500). Die Rechenleistung ist die Linpack-Benchmark-Leistung für die Lösung grosser linearer Gleichungssysteme.

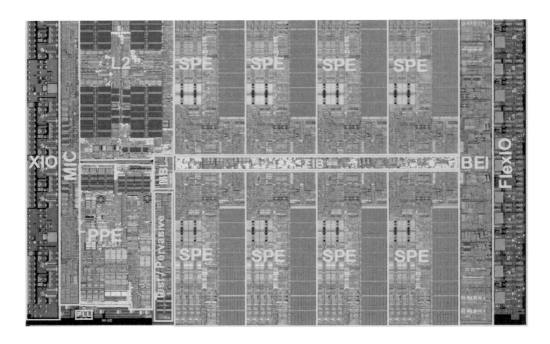

Abbildung 2-2: *Die Landschaft (das Layout) des CELL-Prozessors von Sony, Toshiba und IBM. Ein Beispiel für neue Parallelität durch mehrere Prozessoren: ein Steuerprozessor PPE und acht Koprozessoren SPE (Quelle: STI Sony, Toshiba, IBM, 2006).*

3 Sensoren überall

Abbildung 3-5: Zonenkarte einer Stadtregion für Strassengebühren per mobilem Telefon und GPS-Ortsinformation inkl. Geofencing-Funktionen (CERT Vereinigte Arabische Emirate/IBM, 2006).

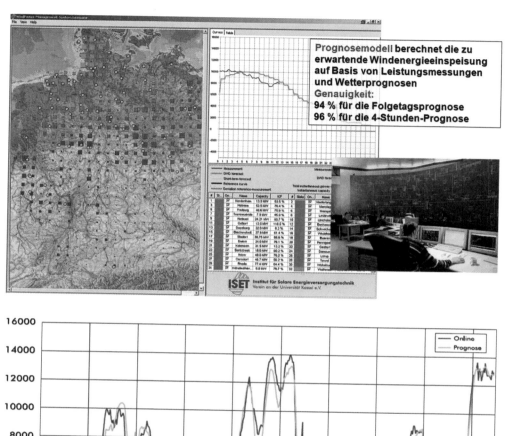

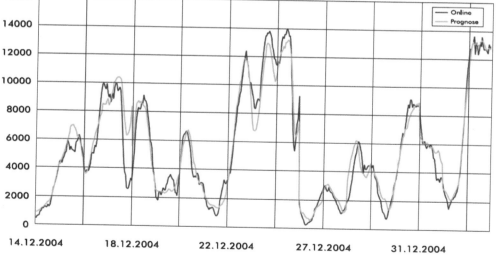

Abbildung 3-8: *Das Wind-Power-Management-System des Instituts für solare Energie-versorgungstechnik ISET.*
Unten eine Grafik mit dem Vergleich der 24h-Prognose zur tatsächliche Gesamteinspeisung und die Tabelle der aktuellen Einzelleistungen (ISET Universität Kassel, Deutschland, 2007).

4 Softwaretrends

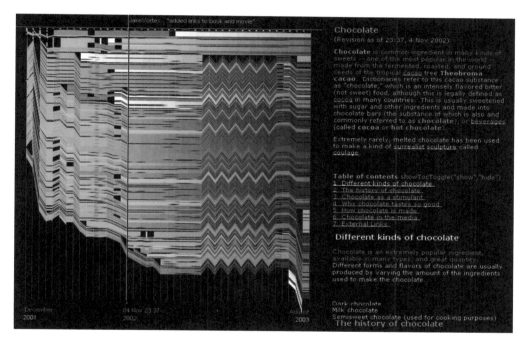

Abbildung 4-8: Beispiel der Visualisierung des Wikipedia-Artikels „Chocolate". Man beachte den „Krieg" („Edit-War") in Form einer Zickzacklinie. (Fernanda Vegas, MIT/IBM, 2004).

5 Digitale Gemeinschaften (Communities) und virtuelle Welten

Abbildung 5-3: *Drei typische Avatare: pseudorealistisch, fantastisch-freundlich und fantastisch-mächtig (IBM, 2007).*

Abbildung 5-4: *Unternehmenskommunikation in Second Life: Der CEO hat ein Get-together mit ausgewählten Mitarbeitern in entsprechender Umgebung (IBM, 2006).*

Abbildung 5-5: Eine kleine globale Konferenz in Second Life (IBM, 2007).

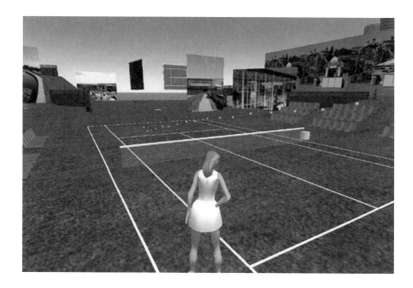

Abbildung 5-6: Wimbledon in Second Life: reale Ballflugbahnen im virtuellen Tennisturnier (IBM/Wimbledon, 2006).

Handelszentrale

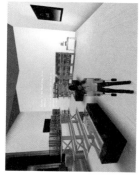

Energie- und Auslastungs-Management

Logistik-Management

Rechenzentrums-Management

Unternehmenszentrale, z.B. CallCenter Zentrale

Gebäudeautomation

Abbildung 5-7: Mögliche kommerzielle Anwendungen mit Second Life: verschiedene Leitzentralen mit virtuellem Interface (Implenia, 2007).

6 Trends in Services

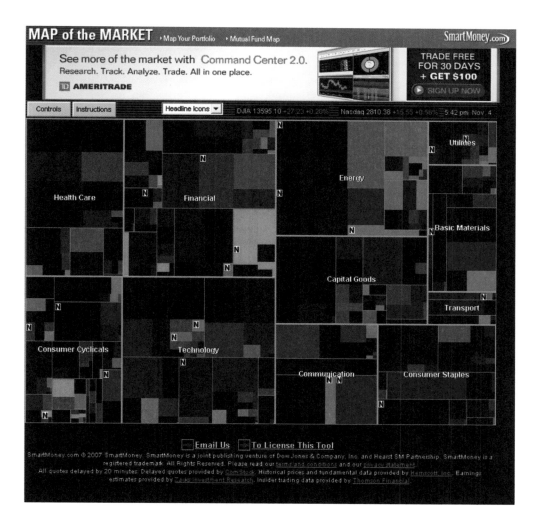

Abbildung 6-3:   Visualisierung eines Gesamtmarktes – Status und Kapitalisierungen der
Unternehmen.
Beispiel eines Tages im Jahr 2007 mit Verlusten von Finanzunternehmen.
Auf der Webseite des Finanzmagazins SmartMoney als interaktive
Programm (nach Martin Wattenberg).

Von und aktuell bei: http://www.smartmoney.com/marketmap.

Dank

Die Hauptquelle für die „Trends in IT" waren die Sitzungen mit Forschern aus dem Team des Forschungsbereichs der IBM, vor allem in Rüschlikon (Schweiz), aber auch aus Haifa (Israel) sowie den Watson und Almaden Research Centers (USA).

Für Diskussionen und für die Bereitstellung grafischen Materials bin ich den Kommunikationsabteilungen dieser IBM-Labors sehr dankbar, besonders Frau Nicole Herfurth und Dr. Karin Vey aus dem Labor in Rüschlikon für Bilder aus der Nanotechnologie und Herrn David Yaun aus USA für die Verwendung der Resultate des „Innovations Jams" der IBM.

Herrn Paul Moskowitz (USA), einem der Erfinder der RFID-Technologie, danke ich für Gespräche und Materialien zu Sensoren und Verfahren der Objektidentifikation.

Die Herren Dr. Grady Booch (USA) und Dr. Erich Gamma (Schweiz) haben zu meinem Verständnis moderner Software ganz wesentlich beigetragen.

Herrn Oliver Goh von Implenia, dem grössten Schweizer Baudienstleistungskonzern, danke ich für den Meinungsaustausch zur Schnittstelle realer Welt mit virtuellen Welten und für die Überlassung anwendungsnaher Second-Life-Szenen.

Besonderer Dank für wunderbare Bilder geht auch an die Künstler und „Evangelisten" der virtuellen Welt Ian Hughes in IBM UK und Mark Podlaseck in IBM USA sowie an die Künstler und Vertreter des „sozialen Computing", Dr. Martin Wattenberg und Dr. Fernanda Viegas in IBM Cambridge (USA) für ihre Visualisierungen.

Herr Ray Kurzweil (USA) hat durch seine Veröffentlichungen und durch eine freundliche Diskussion zu meinem Verständnis der grundlegenden Bedeutung des exponentiellen Wachstums in der IT sehr beigetragen: Ich danke ihm auch für die Möglichkeit, sein grafisches Material frei verwenden zu dürfen.

Den Kunden aus aller Welt möchte ich für die Einsichten in ihre Strategien und Aufgaben in Forschung, Entwicklung, Innovation und IT danken, die ich im Laufe unserer gemeinsamen Workshops aufnehmen konnte.

Register